Thomas Alteck

Der Mißbrauch des Mißbrauchs

HERDER / SPEKTRUM
Band 4299

Das Buch

Eine Frau hat sich von ihrem Mann getrennt. Drei Kinder haben sie zusammen, alles Mädchen. Und plötzlich wird der Vater von seiner Frau mit dem Vorwurf konfrontiert, er habe zumindest zwei der Mädchen sexuell mißhandelt. Von diesem Vorwurf hört er über Dritte, gemeinsame Freunde. Er ist wie vor den Kopf geschlagen. Denn er weiß nur zu genau, daß an diesem Vorwurf nichts dran ist. Jetzt beginnt ein fast aussichtsloser Kampf, um seine Kinder und darum, sich von diesem schweren Vorwurf zu befreien. Jungendbehörden und Polizei sind auf der Seite der Mutter, die Freunde teilen sich. Thomas Alteck hat seine Geschichte und seine Erfahrungen aufgeschrieben: von seinem Versuch, die Motive seiner Frau zu verstehen, zu sehen, was in ihr vorgegangen sein mag. Er beginnt, sich mit dem Phänomen des sexuellen Mißbrauchs auseinanderzusetzen. Diese Haltung bewahrt ihn davor, mit seiner Ex-Frau abzurechnen. Schließlich findet er durch Zufall ein Tagebuch, das sie während eines Kuraufenthaltes geführt hat: Daraus geht eindeutig hervor, daß sie selbst als Mädchen sexuell mißhandelt worden ist. Nun projiziert sie ihre Ängste und Erfahrungen in die Kinder. Endlich meint er, seine Unschuld wirklich beweisen zu können. Doch: die Behörden bleiben mißtrauisch. Ein Fall, der kein Einzelfall ist: Thomas Alteck wurde Opfer der öffentlichen Meinung: Hat man noch vor kurzem das Thema tabuisiert, so geht man heute davon aus, daß einem Verdacht schon die Tatsache entspricht.

Der Autor

Thomas Alteck ist Vater dreier Mädchen, der hier seine Erfahrungen beschreibt. Tätig ist er im naturwissenschaftlichen Sektor.

Thomas Alteck

Der Mißbrauch des Mißbrauchs

Ein Vater wehrt sich gegen den Verdacht
der sexuellen Kindesmißhandlung

Herder
Freiburg · Basel · Wien

Originalausgabe

Alle Rechte vorbehalten — Printed in Germany
© Verlag Herder Freiburg im Breisgau 1994
Herstellung: Freiburger Graphische Betriebe 1994
Umschlaggestaltung: Joseph Pölzelbauer
Umschlagbild: © Fabricius-Tayler, Transglobe Agency 1994
ISBN 3-451-04299-1

INHALT

Vorbemerkung des Autors 7
Der Mißbrauchsvorwurf 9
Vorsatz oder Krankheit? 16
Mein Sorgerechtsantrag 36
Erste Verhandlung 42
Das Interview. 48
Eine Projektion? 54
Gutachterliche Stellungnahme 62
Zweite Verhandlung 79
Kindesentziehung §§ 235 StGB 86
Chaos / Tagebuch / Dritte Verhandlung 115
Utes Reflektion 148
Depressive Erschöpfung 150
Bestätigende Lektüre. 153
Utes Verschwinden 158
Tod meiner Mutter / Strafprozeß 164
Neuerliches Chaos / Das Urteil 172
Anhang 189
Verzeichnis der Literatur 190

Für meine Kinder

VORBEMERKUNG DES AUTORS

Der Verdacht des sexuellen Mißbrauchs wird bei Scheidungen zunehmend häufiger geäußert. In der Regel ist es die Frau, die dem Mann sexuellen Mißbrauch einer Tochter unterstellt. Damit hat sie heutzutage das Sorgerecht so gut wie sicher, weil der Vater zunächst keinerlei Umgangsrecht bekommt, der hinzugezogene Gutachter Monate später zwar den Mißbrauch nicht bestätigen kann, aber den Verbleib der Kinder bei der Mutter vorschlägt, da sie dem Vater entfremdet sind.

Anders als in einigen Staaten der USA, wo diese Falschbehauptung zum Verlust des Sorgerechts führt, ist diese Vorgehensweise in der Bundesrepublik für die Frau ohne Risiko. – Dieses Buch ist die Geschichte eines betroffenen Vaters: ein Stück Kritik an der Art und Weise, wie die staatlichen Organe und die Gesellschaft mit diesem Vorwurf umgehen, und das Dokument einer schrecklichen Verleumdung.

Gleichzeitig ist es auch ein Zeugnis der Spätfolgen sexuellen Mißbrauchs, eine Problematik, die in der öffentlichen Diskussion viel zu wenig Beachtung findet. Der Vorwurf ›sexueller Mißbrauch‹ muß nicht vorsätzlich sein, er kann auch aus der Projektion einer Frau entstehen, die sich ihres eigenen Mißbrauchs nicht bewußt erinnert. Somit ist das Buch auch eine Mahnung an jene, die sexuellen Mißbrauch verharmlosen.

Begonnen habe ich das Buch als Dokument für meine Kinder. Viele Freunde haben mir zugeredet, es zu veröffentlichen. Die

Erkenntnis, daß unsere Persönlichkeit im wesentlichen durch frühkindliche Erfahrungen geprägt wird, hat mich über viele Monate und gegen alle Widerstände, bis hin zur vollkommenen Erschöpfung, motiviert, für das Wohl meiner Kinder in der beschriebenen Weise einzutreten.

Mein Dank gilt allen Ärzten, Rechtsanwälten, Psychologen und Kollegen, sowie insbesondere meinen Freunden, die mir in meinem verzweifelten Kampf geholfen haben, und vor allem Jutta, die mir in dieser schweren Zeit zur Seite stand.

November 1991 – Der Mißbrauchsvorwurf

Es ist Freitag nachmittag. Ich sitze in meinem Büro und bearbeite die letzten Dinge vor dem Feierabend. Spätestens um halb sechs möchte ich heute Schluß machen. Das Telefon klingelt.

»Guten Tag, Thomas, hier ist Christoph Weinhardt.«

Es gibt Menschen, von denen ich einfach annehme, daß sie mich niemals am Arbeitsplatz anrufen. Christoph gehört dazu. Ich bin daher überrascht und denke, daß etwas passiert sein muß. Er fährt fort:

»Ich wollte mal hören, wie es bei euch daheim geht. Wohnst du überhaupt noch im Kalkweg?«

»Ja sicher«, ist meine Antwort, »Ute und ich sind übereingekommen, daß ich für ein bis zwei Monate ausziehen werde. Dann hat jeder von uns Gelegenheit, für sich allein darüber nachzudenken, ob er die Ehe fortsetzen will oder nicht. Zunächst bin ich nur in unser Gästezimmer gezogen. Ich werde mich jetzt nach einer anderen Bleibe umschauen.«

Darauf fragt er: »Und wie lebt ihr zu Hause?«

Ich werde unruhig, denn so kenne ich Christoph nicht. Vor vier Jahren habe ich ihn als Trainer in einer beruflichen Fortbildung kennengelernt. Ich weiß, daß er als Gesprächstherapeut für gewöhnlich keine Fragen stellt. Und jetzt reiht er eine Frage an die andere.

»Ich glaube, ich verstehe deine Frage nicht«, ist meine Reaktion.

»Ihr eßt also gemeinsam und ihr verbringt die übrige Zeit gemeinsam?«

»Ja!«

»Und dir ist an Ute auch keine Veränderung aufgefallen?«

»Nein – nun sag' mir doch bitte mal, was los ist.«

»Dann weißt du auch nicht, daß deine Frau hinter deinem Rücken erzählt, du hättest Anna sexuell mißbraucht.«

»Ute behauptet, ich hätte Anna mißbraucht?« Ich bin fassungslos.

»Ja! Sie rief gestern Beate an und sagte: ›Thomas hat Anna sexuell mißbraucht. Das hat angefangen, als ich im Frühjahr zur Kur war. Kennst du oder kennt Christoph einen Kindertherapeuten? Ich muß mit Anna zum Kindertherapeuten.‹ Sie hat fast eine Stunde mit Beate telefoniert. Sie sagte auch, daß sie mit Anna zum Frauenarzt will und noch nicht weiß, wie sie dich aus dem Haus kriegt; du wollest offenbar nicht ausziehen. Daher will sie dich von der Polizei aus dem Haus holen lassen. Das alles hat sie im Beisein der Kinder erzählt. Beate sagt, daß sie die Kinder die ganze Zeit im Hintergrund gehört hat.«

Ich bin sprachlos – wenn sie schon solche Ungeheuerlichkeiten verbreitet, dann soll sie doch die Kinder heraushalten.

Bis zu diesem Moment war ich davon ausgegangen, daß Ute und ich darin übereinstimmen, im Falle der Trennung die Kinder aus unserem Streit herauszuhalten. Sie brauchen in dieser Situation Zuwendung und das Gefühl, daß nicht sie es sind, die verlassen werden. Warum tut sie so etwas? Ich weiß nicht, ob ich laut gedacht habe oder Christoph meine Frage erraten hat, er sagt:

»Ich nehme an, daß sie sich einen Vorteil für das Sorge- oder Umgangsrecht erhofft. Falls du das getan hast, dann weiß ich nicht, warum sie nicht mit dir darüber spricht und wieso sie es im Beisein der Kinder diskutiert.«

Es stört mich sehr, daß er offenbar nicht ausschließt, daß ich Anna mißbraucht haben könnte, aber mir ist sofort klar, daß er es nicht ausschließen kann. Wie sollte er? Ich erwidere nichts auf diese Äußerung – ich weine. Dicke Tränen laufen über meine Wangen.

»Was wirst du jetzt tun?« fragt Christoph.

»Ich weiß nicht, ich denke, ich sollte so schnell wie möglich nach Holland fahren und mich informieren, ob ich als Holländer nach niederländischem Recht geschieden werden kann.« Christoph meint: »Den Weg zum Kindertherapeuten solltest du unbedingt unterstützen. Ein Kindertherapeut ist in der Lage aufzudecken, wenn so etwas in ein Kind hineingepflanzt worden ist.«

Ich bin verwirrt. Ich weiß im Moment nur, daß es jetzt an der Zeit ist, mich von Ute zu trennen. Ich will keine Minute länger mit ihr verheiratet sein. Anna ist gerade sieben Jahre alt. Der Gedanke, sie in irgendeiner Weise mit meiner Sexualität zu konfrontieren, ist mir nie gekommen. Christoph unterbricht meine Gedanken, er sagt:

»Ich denke, Ute reagiert so, weil du ihren Vorschlag, auszuziehen, angenommen hast. Sie hat erkannt, daß sie keinen Einfluß mehr auf dich hat, und ihre Reaktion ist, daß sie sich sagt: ›Wenn ich Thomas nicht haben kann, dann soll Thomas auch nichts haben, vor allem nicht die Kinder‹.«

»Mhm«, sage ich zustimmend.

»Das ist doch prima«, fährt er fort, »damit hast du doch eine echte Chance, deine Kinder zu bekommen.«

Er weiß, daß ich seit drei Monaten nur noch bei Ute bin, weil ich die Kinder nicht verlassen kann.

»Wie kommst du darauf?« will ich wissen.

»Nun – du hast mir vor einiger Zeit erklärt, daß kleine Kinder grundsätzlich der Mutter zugesprochen werden, wenn nicht sachliche Gründe dagegen sprechen. Wenn Ute im Beisein der Kinder von sexuellem Mißbrauch redet, dann halte ich das für eine erhebliche psychische Gefährdung der Kinder.«

»Ich werde einen Anwalt danach fragen«, sage ich. Ich bin derart durcheinander, daß ich kaum einen klaren Gedanken fassen kann. Christoph merkt das und beendet unser Gespräch.

Sofort rufe ich Freunde in Holland an und bitte sie, für mich einen Termin bei einem Rechtsanwalt zu vereinbaren. Keine fünf Minuten später ruft Ellen mich zurück und bestätigt: Montag früh, elf Uhr. Was jetzt? Nach Hause will ich nicht. Ich bin ratlos. Ich kann Ute nicht mehr unvoreingenommen gegenüber treten und ich will sie nicht wissen lassen, daß ich informiert bin. Ich möchte zuerst einen Anwalt sprechen.

Was ist mit Anna? Wie soll ich mit ihr umgehen, wenn sie so von Ute präpariert wird? Wie habe ich sie in den letzten Tagen erlebt? Zweimal flüsterte Ute ihr etwas zu. Aber Anna war wie immer. Ivon, unsere jüngste Tochter, ist etwas zurückhaltend. Wenn ich auf sie zugehe, ist sie aber genauso ausgelassen wie sonst, und auch an Maria ist mir nichts Ungewöhnliches aufgefallen. Selbst wenn Ute mich jetzt haßt und mir alle Schuld an unserer Trennung gibt, muß sie doch auch an die Kinder denken. Warum macht sie mich vor den Kindern schlecht? Welche Folgen wird das für die Kinder haben? Was kann ich dagegen tun? Was kann ein Elternteil dem anderen bewußt antun? Und wo ist die Grenze? Ich kann es nicht fassen; ich weine.

Eine Viertelstunde später habe ich mich einigermaßen beruhigt. Ich nehme mich zusammen und rufe Ute an: »Ich bin ein paar Tage unterwegs. Rechne nicht vor Dienstag mit mir«, ist alles, was ich herausbringe. Zu meiner großen Erleichterung gibt es keine Diskussion. Bevor ich das Büro verlasse, rufe ich meine Cousine an und frage, ob ich bei ihr übernachten kann. Dann gehe ich zum Parkplatz. Im Auto nehme ich meinen Ehering vom Finger. Es ist das erste Mal, daß ich ihn unterwegs abnehme. Eine Weile betrachte ich die Gravur, und ich erinnere mich, wie wir ihn gekauft haben. Das war vor acht Jahren. Wir waren beide siebenundzwanzig. Ich hatte soeben meine erste Stelle als Diplomingenieur angetreten, Ute hatte ihr zweites Staatsexamen als Lehrerin absolviert und arbeitete gerade einige Monate als Schwangerschaftsvertretung. Dann war Anna unterwegs, und anschließend widmete sich Ute ausschließlich unseren Kindern. Ich nehme den Ring und lege ihn in das Handschuhfach. Normalerweise hätte ich ihn bis zur Scheidung getragen – jetzt will ich nicht mehr.

Stunden später, auf der Autobahn, wird mir zum erstenmal wirklich bewußt, was sie mir vorwirft. Bis zu diesem Moment war die Behauptung selbst irgendwie an mir vorbei gegangen. Es war mehr die Verleumdung vor den Kindern, die mir so nahe gegangen war. Jetzt plötzlich erkenne ich, wie ungeheuerlich das ist. Sie erzählt, daß sie mit Anna zum Frauenarzt will. Das bedeutet ja wohl, daß sie mir Geschlechtsverkehr mit meiner Tochter unterstellt. Mir schießen Tränen in die Augen und mir wird schlagartig schlecht. Blindlings lenke ich auf die Standspur, bremse viel zu abrupt, so daß ich den Motor abwürge, und schluchze. Noch nie in meinem Leben habe ich so geweint.

Ist das die Frau, mit der ich acht Jahre zusammen gelebt habe? Entweder es liegt an mir und meiner Fähigkeit, sie richtig einzuschätzen, daß ich ihr so etwas nicht zugetraut habe, oder sie ist durchgedreht!

Einen Tag später geht es mir etwas besser. Vor allem bin ich ruhiger. Obwohl ich meine Cousine eigentlich nicht belasten wollte, habe ich ihr alles erzählt. Es mußte heraus. Ich konnte es nicht für mich behalten, und es hat mir gut getan, darüber zu reden. Daneben haben Christophs Worte bezüglich des Kindertherapeuten mich beruhigt: die Gewißheit, daß man in der Lage ist festzustellen, daß es keinen Mißbrauch gegeben hat, auch wenn eine Mutter ihr Kind dazu anhält, bestimmte Dinge zu erzählen. Mich hat eine gewisse Zuversicht erfüllt. Irgendwie werde ich es schaffen, das durchzustehen; aber ich mache mir ungeheure Sorgen. Wie wird Ute reagieren, wenn sie merkt, daß ihre Überlegungen nicht aufgehen? Kann sie sich so weit in die Irrationalität verlieren, daß sie den Kindern etwas antut? Ich fühle mich schrecklich allein. Es ist so schmutzig. Wäre es nicht Christoph gewesen, der mir das erzählt hat, ich würde es nicht glauben.

Wenige Stunden später bin ich in Holland. So recht weiß ich nicht, wie ich so schnell hierher gekommen bin. Die ganze Fahrt über habe ich geweint und bin wie in Trance gefahren. Auf der Insel Goudbol gehe ich zunächst einmal am Strand spazieren. Es ist das erste Mal, daß ich im Winter hier bin. Die Luft ist angenehm mild und der Strand menschenleer. Ich weine, weine, weine, und ich versuche meine Gedanken zu ordnen. Was weiß ich bislang? Anna habe Ute am vergangenen Montag von dem angeblichen Mißbrauch erzählt. Was hat sie erzählt? Kann das ein Mißverständnis sein? Warum hat Ute mich nicht darauf angesprochen? Ich versuche mir in Erinnerung zu rufen, was an jenem Montag passiert ist. Als ich am Abend nach Hause kam, telefonierte Ute mit ihrer Mutter. Sie kniete auf dem Boden im Eßzimmer und weinte heftig. Als sie mich kommen sah, brach sie das Gespräch augenblicklich ab. Ich erinnere mich, daß ich ungewöhnlich fand, wie schnell sie wieder gefaßt war. Ihre Tränen hatten mich eine tiefe Traurigkeit wegen unserer bevorstehenden Trennung vermuten lassen. Später, als wir die Kinder ins Bett brachten, war Ute eine ganze Weile mit Anna allein. Das ist nicht ungewöhnlich. Maria bat Ute, sich eine Weile mit zu ihr ins Bett zu legen. Dann forderte sie mich auf, mich dazu zu legen. Offenbar versuchte sie uns zusammen zu bringen. Das war rührend. Die Kinder müssen durch Ute bereits von unserer Trennung gewußt haben. Natürlich wünschen sie sich, daß Mama und Papa zusammen bleiben. Später, als die Kinder bereits eine Weile im Bett waren, rief Maria noch einmal: ›Der Papa soll kommen.‹ Da war ihr wichtig, auch mit mir noch ein wenig zu kuscheln.

Das Wochenende verbringe ich in Diskussion mit Freunden auf der Insel Goudbol. Sie sind genauso sprachlos wie ich. Zum Glück wissen sie nicht, daß ich Geburtstag habe. Es wäre mir nicht recht, wenn mir jetzt jemand gratulieren würde. Worauf sollten wir anstoßen? Immer wieder flüchte ich mich in lange Spaziergänge an den Strand. Ich möchte am liebsten meinen Seesack packen, davonsegeln und einfach vergessen, was sie mir antut.

Montag früh fahre ich zum Anwalt. Wir kommen sehr schnell zum Thema, und ich erzähle meine Geschichte. Er beruhigt mich:
»Den Vorwurf des sexuellen Mißbrauchs höre ich häufig in meiner Anwaltspraxis; gerade in der Trennungssituation.

Dann erkläre ich den Frauen, daß sie ihren Unterhaltsanspruch verlieren, wenn sie zu Unrecht so etwas behaupten, und schon ist es kein Thema mehr. Es kommt sehr selten vor, daß eine Frau mit diesem Vorwurf vor Gericht geht.«

Weiter erklärt er, daß eine Scheidung nach niederländischem Recht nicht möglich ist.

»Maßgeblich ist das Recht des Landes, in dem das Paar nach der Eheschließung seinen ersten Wohnsitz hatte.«

Ich gönne mir noch einen Tag Urlaub und benutze ihn zu Spaziergängen und Gesprächen mit Ellen und Axel. Sie sind Freunde von Ute und mir. Seit vielen Jahren mieten wir im Sommer für drei bis sechs Wochen ihr Haus und verbringen darin die Ferien. In diesem Sommer war Ute mit den Kindern allein hier. Ellen erzählt mir, wie chaotisch dieser Sommerurlaub war:

»Ute hat immer nur Pfannkuchen oder Pommes Frites gemacht. Es war diesen Sommer überhaupt keine Rede von Vollwertkost. Sonst hat sie doch immer im Bioladen eingekauft. Auch von Annas Neurodermitis hat sie gar nicht gesprochen. Ich weiß nicht, wie Ute das allein mit den Kindern zu Hause machen will. Das schafft sie doch nicht. Hier hat sie nichts gemacht. Wenn ich einmal mittags ins Haus kam, dann war der Frühstückstisch noch nicht abgeräumt. Die Wäsche hat sie immer vor die Tür gestellt, und ich habe sie mitgewaschen.«

Beide trauen Ute nicht zu, allein mit den Kindern leben zu können. Das sind jetzt schon die zweiten unserer Freunde, die mir das sagen. Auch Beate und Christoph haben sich schon ähnlich geäußert, als wir uns über eine mögliche Scheidung unterhalten hatten. Am Dienstag verabschiede ich mich. Ellen lädt mich ein, Weihnachten wiederzukommen.

Dezember 1991 – Vorsatz oder Krankheit?

Mittwoch früh gegen acht Uhr bin ich zurück im Kalkweg. Ich kann nicht in die Wohnung, da das Türschloß ausgewechselt worden ist. Was soll ich jetzt tun? Mit Macht darauf drängen, unter einem Dach zu wohnen und so tun, als ob ich nichts wüßte? Nein! Diese Heuchelei möchte ich mir und den Kindern ersparen. Ich denke, es ist besser, wenn ich die ›Aussperrung‹ zunächst akzeptiere. Die Sache wird sich gewiß schnell klären lassen, und schließlich hatten wir ja bereits vereinbart, daß ich für eine Weile ausziehe. Ich will mit Ute jetzt auch nicht mehr zusammen leben. Also klingle ich. Ute macht auf und sieht mich haßerfüllt an. Ich erkläre ihr, daß ich meine Sachen holen möchte, und sie läßt mich hinein. Ich brauche keine zwanzig Minuten, um meine Anzüge, Schuhe, ein wenig Freizeitkleidung und mein Saxophon zusammenzupacken.

Die ganze Zeit reden wir kein Wort miteinander. Die Kinder spielen miteinander, sie stellen keine Fragen. Dann nehme ich die Kinder ganz lieb in den Arm. Ich weine – weine fürchterlich und erkläre ihnen, daß ich jetzt ausziehe und sie erst am Wochenende wieder besuchen komme. Auch Anna weint. Sie klammert sich an mich, schaut mich traurig an und streichelt mir über den Kopf. Maria drückt mich ganz fest und gibt mir einen Kuß. Ivon läßt sich drücken und sagt nichts. Sie versteht mit ihren drei Jahren den Ernst der Situation vermutlich noch nicht. Einen Moment später sitze ich in meinem Auto und weiß nicht wohin.

Alles ist so schnell gegangen. Seit Monaten hatte ich versucht, diesen Augenblick zu vermeiden – den Abschied von meinen Kindern. Immer wieder bin ich gefragt worden, warum ich keinen Schlußstrich ziehe, und immer war meine Antwort: »Ich kann die Kinder nicht allein lassen. Ich kann mir ein Leben ohne meine Kinder nicht vorstellen.« Ohne sie hätte ich Ute bereits verlassen. Ich komme schon seit Monaten nicht mehr mit ihr klar. Ich verstehe sie einfach nicht mehr.

Durch Zufall und mit viel Glück finde ich sofort eine Bleibe. Ein Arbeitskollege bietet mir sein Gästezimmer an. Am gleichen Abend besuche ich Beate und Christoph. Nun erzähle ich von mir und von den vergangenen Tagen. Ich schildere, was mir in dieser Zeit durch den Kopf gegangen ist. Während ich das tue, fange ich an zu zittern. Mir ist kalt, daher rücke ich meinen Stuhl ganz nah an den Kachelofen heran, aber es hilft nichts. Es ist nicht wirklich kalt, es sind meine strapazierten Nerven, die mich so empfinden lassen. Schließlich sagt Christoph, nachdem er eine ganze Weile nur zugehört hat, in der ihm eigenen vorsichtigen Art:

»Thomas, ich weiß nicht, wie weit du den Gedanken zulassen kannst, daß Ute nicht gesund ist?« Ich habe den Eindruck, daß ihn das schon eine ganze Weile beschäftigte. Er reagiert erleichtert, als er sieht, daß ich ein wenig nicke. Dann frage ich ihn nach seinem Urteil.

Er antwortet: »Border-Line!«

»Was bedeutet das?«

»Daß Ute sich haarscharf am Rande zur Schizophrenie bewegt.«

Eine Weile herrscht Schweigen. Mein Hirn arbeitet, kommt aber zu keinem Ergebnis. Psychiatrie ist eine Sache außerhalb meiner Wahrnehmung; ein Thema, mit dem ich mich bislang nie beschäftigt habe. Ich schaue Christoph fragend an. Für ihn deuten alle Fakten darauf hin, daß sie in Wahrheit keine Trennung wollte und will, und daß jeder Schritt ihrerseits in diese Richtung ausschließlich dazu diente, mehr Kontrolle über mich zu gewinnen. Ich widerspreche ihm und schildere Situationen, die seiner Theorie zu widersprechen scheinen. Aber er widerlegt meine Auffassungen.

Seine Argumentation ist schlüssig. Wenn Ute die Trennung wirklich gewollt hat, warum hat sie dann den Dialog abgebrochen? Nach der Auseinandersetzung über mein Tennisspiel war sie mit den Worten weggefahren: »Laß uns jeder in Ruhe noch einmal zwei Tage nachdenken, was wir weiter tun.« Als sie Sonntag abends zurückkam, sagte sie: »Thomas, ich möchte, daß du ausziehst!« Auch ich hatte die zwei Tage zum Nachdenken benutzt und war zu dem gleichen Ergebnis gekommen. Es hatte keinen Zweck mehr.

Daher war meine Reaktion: »Du hast recht, ich sehe das auch so. Ich werde ausziehen. Für ein bis zwei Monate sollten wir nicht unter einem Dach leben. Das dürfte genug Zeit sein, daß wir beide, jeder für sich, uns darüber klar werden, ob wir die Ehe wollen oder nicht.« Von da ab war der Dialog beendet.

Seit einem Jahr hatten wir unsere Beziehung diskutiert. Wir hatten viel und konstruktiv miteinander gesprochen und waren für ein paar Monate in eine Eheberatung gegangen. Ausgerechnet jetzt, da endlich eine Entscheidung getroffen war, brach sie den Dialog ab. Seit drei Monaten hatten wir uns im Kreis gedreht. Endlich war ein Schritt nach vorn getan. Natürlich war es nicht das, was wir uns acht Jahre zuvor erträumt hatten, aber es war ein Schritt nach vorn. Und es war eine einvernehmliche Entscheidung. Gerade jetzt gab es doch so viel zu besprechen: Was sagen wir den Kindern? Wie sagen wir es ihnen? Wie machen wir es mit unseren Konten und...? Sie bricht das Gespräch ab, und einen Tag später behauptet sie, ich hätte meine Tochter sexuell mißbraucht. Christoph zählt eine Reihe anderer Begebenheiten auf, die ähnlich widersprüchlich und unerklärlich sind.

Später am Abend denke ich sehr viel über das Gespräch mit Christoph nach. Und plötzlich fällt mir ein, in welchem Zusammenhang Ute zum erstenmal von Trennung gesprochen hatte. Es muß im Sommer vor zwei Jahren gewesen sein. Sie war gegen elf Uhr abends von einem Vortrag nach Hause gekommen. Dann hatte sie mir von dem Vortrag erzählt und völlig überraschend einen Streit angefangen. Sie hatte mir Vorwürfe gemacht. Wenn doch nur mein Gedächtnis besser wäre – ja doch, ich erinnere mich! Sie schwärmte zunächst von dem Vortragenden. Nie zuvor hatte ich Ute in einer solchen Weise von einem Mann reden hören. Ich erinnere mich, daß ich damals eifersüchtig wurde. Sie erzählte, was für ein einfühlsamer und verständnisvoller Mensch das sei. Ich verstünde sie nicht, ich hätte sie nie verstanden. Es folgte ein richtiger Rundumschlag. Am Ende schließlich sagte sie: »Wenn du dich nicht änderst, lasse ich mich scheiden!«

Nie zuvor war bei uns von Scheidung die Rede gewesen. War mir entgangen, daß sie sich bereits seit längerem mit dem Gedanken beschäftigte? Es soll ja vorkommen, daß eine Beziehung von den Partnern sehr unterschiedlich gesehen wird; daß sich der eine schon lange mit dem Gedanken der Trennung beschäftigt, während für den anderen die Welt in Ordnung ist. Doch wir waren nur drei Monate zuvor mit großem Schwung in ein gemietetes Haus umgezogen.

Plötzlich spüre ich eine Beklemmung. Was mir Angst macht, ist, daß es in dem Vortrag damals um Sexualerziehung von Kindern gegangen war. ›Liebeserziehung‹ hatte der Referent es genannt, soweit ich mich erinnere. Dieses Thema beschäftigte Ute dann sehr lange. Kurz danach kaufte sie ein Aufklärungsbuch, das der Referent empfohlen hatte. Ich bin sicher, daß es kein Zufall ist. Ich sehe einen Zusammenhang: Sexualität – Kinder – Trennungswunsch. Angestrengt versuche ich mich an mehr zu erinnern. Ich frage mich, ob sie das Buch mit den Kindern gemeinsam angeschaut hat? Irgendwann später, als wir meine Schwiegereltern besuchen wollten und die Kinder ihre Sachen packten, wollte Anna das Buch einpacken. Ute schlug vor, es zu Hause zu lassen, weil die Oma sicher kein Verständnis dafür habe. Anna aber bestand darauf, das Buch mitzunehmen und es der Oma zu zeigen. Später kam sie zu Ute und sagte: »Die Oma hat sich gar nicht aufgeregt.« Es kann kein Zufall sein. Das Buch – und das Gespräch mit ihrer Mutter.

Es fällt mir wieder ein. Ute erzählte mir irgendwann, daß sie im Frühjahr ein sehr ausgiebiges Gespräch mit ihrer Mutter geführt hatte. Damals hat ihr ihre Mutter zum ersten Mal erzählt, daß sie, die Mutter, als Kind sexuell mißbraucht worden war.

Die Mutter war mißbraucht worden. Die Tochter beschuldigt ihren Ehemann des Mißbrauchs an seinen Kindern. Ich habe Angst, es könnte etwas passieren. Beate hat es ausgesprochen. Ich fürchte, daß sie sich sagt: »Wenn ich die Kinder nicht haben kann, dann soll sie auch kein anderer haben«, und daß sie ihnen etwas antut. Mir ist ganz schlecht. Seit ich annehmen muß, daß Ute wirklich krank ist, kann ich wenigstens an ihre Anschuldigung denken, ohne zu zittern. Irgendwie habe ich es geahnt. Ich habe sie bislang nicht beschimpft. Trotz all ihrer Vorwürfe habe ich keine Wut auf sie.

Am nächsten Morgen gehe ich zu einem Anwalt. Ich bin nicht in der Lage, ihm darzustellen, daß Ute wahrscheinlich krank ist. Er sagt:

»Der Richter ist, ebenso wie Sie und ich, in diesem Punkt ein Laie. Sie müssen ihn überzeugen! Wie wollen Sie das tun, wenn Sie nicht einmal mich überzeugen? Ein Richter wird niemals auf den Verdacht einer Partei hin eine Anordnung zur ärztlichen Untersuchung der Gegenpartei erlassen. Selbst eine Vermutung muß man begründen können.

»Wie muß das Ganze aussehen?« frage ich, und er erklärt:

»Ihr Vorgehen müßte folgendermaßen sein: Beim Familiengericht wird ein Antrag auf Zuerkennung des elterlichen Sorgerechts für die Zeit der Trennung gestellt. Als Begründung wird die Gefährdung der Kinder angeführt und als Beweis: Kurzgutachten und andere einzuholende Gutachten. Dieser Antrag wird dann vom Gericht dem beschuldigten Teil mit der Bitte um eine Stellungnahme zugestellt. Im weiteren gibt es fachärztliche und kinderpsychologische Gutachten. Das ist der Weg, den wir vor Gericht nehmen müssen, das heißt, Sie sollten sich am besten zunächst an Ihren Hausarzt wenden.«

Noch am selben Abend bin ich bei unserem Hausarzt und erzähle ihm von Christophs Diagnose ›Border-Line‹. Er nickt spontan, bezeichnet Ute als überängstlich und extrem einseitig denkend. Zugleich weist er mich auf die Schwierigkeit hin, die Grenze – border-line – zu definieren.

»Was ist normal? Was ist nicht mehr normal?« stellt er in den Raum.

»Ich kann es nicht sagen«, entgegne ich ihm, »ich weiß nur, daß sie seit letzter Woche behauptet, ich hätte Anna sexuell mißbraucht.«

Er ist schockiert und nachdenklich, aber er gibt mir zu verstehen, daß er mich nicht unterstützen kann:

»Da müssen Sie sich an einen Facharzt wenden«, sagt er.

Er verabschiedet mich mit dem Rat, ab und zu Freunde bei Ute vorbeischauen zu lassen, damit sie ein wenig beobachtet ist.

Zwei Tage später rufe ich Ute an. Ich möchte die Kinder am Wochenende sehen. Sie weigert sich:

»Nein, Thomas, ich will nicht, daß du die Kinder jetzt siehst, und außerdem sind sie krank.«

Ich erfahre, daß Anna eine Mittelohrentzündung hat, und daß sie sich auch mehrfach übergeben mußte; sowohl in der vergangenen als auch in dieser Woche. Hartnäckig bestehe ich darauf, die Kinder zu sehen. Schließlich schlägt Ute vor, daß wir uns zunächst bei einem Kindertherapeuten treffen und dann alles weitere besprechen können. Dagegen habe ich nichts einzuwenden, aber bald soll es sein. Ute versichert mir, sich darum zu kümmern und mich wieder anzurufen.

Es ist Wochenende. Noch einmal diskutiere ich mit Christoph. Es ist ein ausgiebiger Disput. Natürlich widerspreche ich ihm in jedem Punkt, teils aus Überzeugung, teils, weil ich seine Argumentation hören will, um sie mir zu eigen zu machen. Seine Behauptung bedeutet für mich aber auch: Deine Frau ist krank und du hast es nicht gemerkt! Meine ›Sozialkompetenz‹ ist in Frage gestellt, deshalb setze ich mich massiv zur Wehr.

Nach und nach überzeugt er mich von seiner Auffassung.

Auch an den Stellen, an denen ich wirklich von meiner Sicht der Dinge überzeugt bin, muß ich ihm schließlich recht geben. Ich sehe die Situation offenbar wirklich falsch. Ich will die Wahrheit nicht sehen. Mir bedeutete meine Ehe viel. Ich sah in ihr keine Zweckverbindung. Selbst nach den vielen Jahren war es eine stark emotionale Beziehung. Christoph macht mir klar, daß meine Ehe längst zu einer idealisierten Beziehung verkommen war. Er verdeutlicht mir, daß ich viele Jahre meine Augen davor verschlossen habe.

Im Laufe der letzten zwei Wochen habe ich gelernt, meine Hemmungen zu überwinden und mit Freunden über Utes mögliche Krankheit zu sprechen. Jeder, der Ute kennt, meint, daß er sie häufig als verbohrt erlebt hat. Jeder bestätigt, daß er manchmal Schwierigkeiten mit ihren Anschauungen gehabt hat, daß sie oftmals nicht nachvollziehbar waren. Aber als krank will sie niemand bezeichnen, allenfalls als merkwürdig. Ich habe mich noch nie in meinem Leben dermaßen unsicher gefühlt. Ich entschließe mich, noch mehr Menschen zu befragen. Ich will so viele Meinungen wie eben möglich bekommen und mir dann ein Bild machen. Christoph hat mir geraten, mich mit einem Psychoanalytiker zu unterhalten. Ich habe eine große Abneigung gegen alles, was mit ›Psycho‹ anfängt oder mit ›Therapie‹ aufhört. Andererseits erlebe ich, daß mir die Gespräche mit Christoph helfen, meine Gedanken zu sortieren. Warum soll ich mir nicht helfen lassen? Schlimmer wird es die Sache sicher nicht machen.

Ich besuche zum ersten Mal Dr. Schrem, den Psychoanalytiker. Er hört sich meine Sorgen an, kann aber meine Fragen nach den möglichen Schäden für die Kinder nicht beantworten. Er rät mir, mich mit dem Leiter der Kinder- und Jugendpsychiatrie der Universität Tübingen, Professor Klosinski, zu unterhalten. Der sei der ›Papst‹ für Kinderpsychiatrie in Süddeutschland. Noch am selben Tag lasse ich mir in Tübingen einen Termin geben. Leider ist der erst in der letzten Woche vor Weihnachten. Das bedeutet wiederum Warten. Ich werde Ute bitten, den Termin gemeinsam mit mir wahrzunehmen.

Seit Tagen warte ich vergeblich auf ihren Anruf. Ich kann sie auch nicht erreichen. Mein Gefühl sagt mir, daß etwas nicht stimmt. Donnerstag gegen sechs Uhr fahre ich kurzentschlossen zum Haus. Es ist leer. Im Briefkasten liegt Post von drei Tagen. Auf dem Rückweg sehe ich plötzlich Maria und Anna bei Freunden vor der Eingangstür. Als sie mich sehen, kommen sie sofort auf mich zugesprungen und begrüßen mich freudig. Die Kinder sind völlig unbefangen. Marion, unsere Freundin, erzählt, daß die beiden schon seit zwei Tagen bei ihr sind, da Ute mit Ivon im Krankenhaus ist. Ivon gehe es bereits seit Sonntag sehr schlecht. Sofort setze ich mich ins Auto und fahre in die Kinderklinik. Warum hat Ute mich nicht informiert? Mir ist bewußt, daß ich in diesem aufgewühlten Zustand nicht Auto fahren sollte, doch das ist mir egal. Ich will zu Ivon.

Ute begrüßt mich mit einem haßerfüllten Blick.
»Von wem weißt du, daß wir hier sind?«
Ich überhöre die Frage. An ihr vorbei gehe ich geradewegs zu Ivon. Sie sitzt in ihrem Bett, der linke Arm ist geschient; an ihm ist eine Infusion befestigt. Ihr körperlicher Zustand scheint halbwegs in Ordnung zu sein, trotzdem macht sie auf mich einen sehr kranken Eindruck. Sie reagiert auf mich ein wenig desinteressiert, wirkt apathisch oder verstört. Ich drücke sie zärtlich und gebe ihr einen Kuß. Ihre ausdruckslosen Augen erschrecken mich.
»Was ist passiert?« frage ich Ute, die neben mir steht.
»Ivon hat Brechdurchfall gehabt und nichts mehr gegessen.«
»Seit wann?«
»Seit Samstag nachmittag.«
Mir zittern alle Glieder. Ich wende mich wieder Ivon zu, und wir spielen eine Dreiviertelstunde mit ihrem Nuckel-

tuch und sehen uns mehrere Bücher an. Ute ignoriere ich in dieser Zeit. Schließlich frage ich sie:
»Warum hast du mich nicht informiert?«
Ihre patzige Antwort ist: »Warum sollte ich?«
»Weil unsere Tochter krank ist, offenbar sehr krank!«
»Sie hat hier alles, was sie braucht«, meint Ute.
»Nein! Sie hat ihren Vater nicht«, sage ich, »es ist unverantwortlich, was du tust!«
Ute wird laut, obwohl eine weitere Frau mit ihrem kranken Kind im Raum ist. Sie faucht mich an:
»Was du machst, ist unverantwortlich!«
Ich frage, was sie damit meint, aber ich erfahre es nicht. Um kurz nach sieben verabschiede ich mich von Ivon, weil ich die anderen beiden noch einmal sehen möchte, bevor sie ins Bett gehen.

Anna und Maria machen einen guten Eindruck auf mich. Sie freuen sich, mich zu sehen. Maria zeigt mir sofort ihren neuen Bären, den sie auf der Weihnachtsfeier bekommen hat. Anna erzählt, sie habe eine Spiel-Post geschenkt bekommen. Beide toben zwischendurch fröhlich mit Marions Kindern herum. Ich bin froh, daß sie bei Marion sind, sie kann ganz prima mit den Kindern umgehen. Ich frage die Kinder nichts. Von mir wollen sie wissen, wo ich jetzt wohne. Dann bringe ich sie ins Bett und erzähle ihnen noch eine Geschichte. Es ist schön. Ich genieße es, einmal wieder einen Gute-Nacht-Kuß zu bekommen.

Marion läd mich zum Abendbrot ein, was ich gerne annehme. Obwohl ich nichts sage, fängt sie an sich zu rechtfertigen.
»Ich habe lange überlegt, ob ich dich anrufen soll«, sagt sie, »Ivon hat letzte Woche häufig nach dir gefragt: ›Wo ist der Papa? Wann kommt der Papa wieder?‹ Irgendwie war ich nicht damit einverstanden, daß Ute dir nichts sagt, aber sie wollte es ausdrücklich nicht und...«
Ich unterbreche sie. »Marion, ich mache dir keinen Vorwurf. Ich weiß, daß Ute nicht will, daß die Kinder mich se-

hen. Mir ist im Moment wichtig, daß Ute nicht völlig allein ist. Sie braucht genau wie ich Freunde, Menschen, auf die sie sich verlassen kann. Dabei spielt es keine Rolle, ob es objektiv richtig oder falsch ist, was du machst, sondern daß du ihr hilfst. Was mich so verzweifelt macht, ist, daß Ute nicht in der Lage ist zu sehen, daß Ivon infolge unserer Trennung so krank geworden ist. Wenn sie schließlich Infusionen braucht, um am Leben zu bleiben, dann ist es doch allerhöchste Zeit, mich zu rufen. Ivon kann nicht begreifen, warum ich nicht mehr da bin.«

Mir wird flau, als ich erkenne, daß Ute Ivon eher sterben lassen würde, als mich zu rufen. Ich bitte Marion, mich zu entschuldigen, und verlasse sie fluchtartig.

Im Auto schreie ich laut und schluchze. Wieder zittere ich heftig. Trotzdem fahre ich los, damit das Auto warm wird. Vor der Autobahn entschließe ich mich spontan, zu Beate und Christoph zu fahren. Als ich um neun bei ihnen bin, habe ich mich einigermaßen beruhigt. Da Christoph noch arbeitet, sitze ich erst eine Weile mit Beate allein in der Küche. Sie sagt im Laufe des Gesprächs, daß Ivon sich im letzten Jahr nach ihrer Ansicht nicht weiterentwickelt habe. Christoph ergänzt später, daß Ivon sehr klein sei. Er hält sie für zurückgeblieben, ohne physiologische Ursache. Sie haben recht, Christel, eine Freundin, hat es bereits vor mehr als zwei Jahren gesagt: »Gell, Ute, die hältst du dir bewußt klein, weil es die letzte ist.« Ute ist offenbar sogar stolz darauf, denn sie wiederholt Christels Worte, wann immer sie auf Ivons Kleinwüchsigkeit angesprochen wird.

Auf dem Rückweg zu meinem Zimmer fange ich an zu zittern. Ich habe Angst, jeden Moment zusammenzubrechen. Paul, der Kollege, ist noch wach. Ich setze mich an den Heizkörper und weine. Paul gibt mir ein Beruhigungsmittel, eine Decke und legt seine Hand auf meinen Kopf: Das tut gut. Ich trinke etwas und werde mit einem Mal sehr müde. Das muß von der Tablette kommen. Ich habe noch nie Beruhigungsmittel genommen, die Wirkung ist unglaublich. Mein einziger Gedanke ist, ins Bett zu kommen. Auf dem Weg dorthin muß ich mich übergeben, dann schlafe ich sofort ein. Als ich aufwache, ist es halb acht. Ich stehe auf und sehe mich im Spiegel. Ich sehe fürchterlich aus. Die Augen sind klein und blutrot. Tiefe Schatten drumherum lassen sie eingefallen aussehen. Ich erschrecke vor mir selbst. Zum Frühstück nehme ich nur eine Scheibe trockenes Brot und mache mich auf den Weg in die Kinderklinik.

Ute will mich vor der Tür sprechen. Sie erklärt mir aufgebracht, daß sie mit Marion gesprochen hat und sie es eine Riesensauerei findet, daß ich hinter ihrem Rücken die Kinder besucht habe. Sie schreit mich an:
»Ich will nicht, daß du die Kinder siehst. – Ich will, daß du das respektierst.«

Auf meinen Wunsch hin habe ich ein Gespräch mit dem Stationsarzt. Unter vier Augen erzähle ich ihm die ganze Geschichte. Zum Abschluß bitte ich ihn, Ivon und Ute diesen Tag noch festzuhalten, weil ich versuchen will, mit den anderen beiden nach Tübingen zu Klosinski zu fahren. Er willigt ein. Während er mit Ute reden will, habe ich Gelegenheit, über die Hausleitung mit Klosinski zu sprechen. Leider ist es ihm unmöglich, uns vor dem vereinbarten Termin zu empfangen. Noch einmal gehe ich zu Ivon.

Inzwischen hat Ute erfahren, daß ich von ihrer Mißbrauchsbehauptung weiß. Ununterbrochen fordert sie mich auf zu gehen. Sie wird immer lauter. Ivon schaut mich so hilflos an. Nie werde ich diesen Blick vergessen. Ich würde ihr gerne Mut machen, aber ich weiß nicht wie. Ute schreit mich derweil an:
»Ich will, daß du verschwindest! Laß uns allein! Weißt du, was darauf steht?«

Mein Blick fällt auf die andere Mutter, die mit im Raum ist. Sie versucht ihr Baby zu beruhigen. Unsere Blicke begegnen sich. Ihre Augen zeigen mir, daß sie Mitleid mit mir hat. Ich sehe ihr verschrecktes Kind und gehe, ohne ein weiteres

Wort zu sagen. Ich gehe unter Tränen und fahre zum Jugendamt. Vielleicht kann man mir dort helfen.

Ich schildere meine Situation, erzähle von Utes Behauptung und frage, was ich jetzt tun soll. Ich bitte Frau Danskin, mir zu helfen, daß ich die Kinder sehen kann. Ihr Kommentar ist:
»Wenn der Verdacht des sexuellen Mißbrauchs im Raum steht, ist es meine Aufgabe, das Kind zu schützen, das heißt, Sie zunächst einmal von ihrer Tocher fernzuhalten.«

Das ist ihre Position. Ich gewinne den Eindruck, daß sie mir nicht helfen will. Sie sagt, daß das Jugendamt erst aktiv wird, wenn es vom Familiengericht dazu aufgefordert wird. Anschließend fahre ich in die Firma. Meinem Chef erzähle ich, daß ich im Augenblick nicht voll zur Verfügung stehe und welche Ursache das hat. Er zeigt großes Verständnis und bietet mir seine Hilfe an: »Es geht in Ordnung, wenn Sie mal nicht am Arbeitsplatz sind, weil Sie einen Termin draußen wahrnehmen. Wenn es Ihnen hilft, können Sie auch Arbeit zu Hause erledigen.«

Irgendwann an diesem Tag kommt mir dann die Idee. Ich sehe endlich einen Weg aus der Misere. Mir kommt die Idee, mich ständig um die Kinder zu kümmern. Es gibt keinen Grund hinzunehmen, daß Ute den Kontakt nicht will. Ich werde die Kinder sehen! Ich will die Kinder sehen! Damit zwinge ich Ute, entweder den Vorwurf aufzugeben oder aber aktenkundig zu machen.

Am Tag darauf fahre ich morgens zur Schule. Anna ist bereits da. Sie freut sich riesig, mich zu sehen, kommt auf mich zugestürmt und umarmt mich. Im nächsten Moment tobt sie mit ihren Klassenkameraden. Dazwischen kommt sie immer wieder zu mir und klammert sich an mich. Ihre Lehrerin sagt, daß alles in Ordnung ist und Anna die Trennung ihrer Eltern erstaunlich gut verkraftet. Anschließend fahre ich zu unserem Haus. Ute macht mir auf.
»Was willst du?« fragt sie.
»Ich möchte Ivon sehen.«

Sie läßt mich ins Haus. Ivon wirkt wiederum verstört. Erst später kommt sie auf mich zu und erzählt von einem Geschenkkarton. Mein Schwiegervater ist zu Besuch. Er sitzt in der Küche am Eßtisch, mit dem Rücken zu mir. Er wendet zunächst weder den Kopf noch will er mir die Hand geben. Dann tut er es doch, als ich ihn darauf anspreche. Ute macht mir schon wieder Vorwürfe. Es sei unverschämt, einfach zu klingeln; ich hätte vorher anzurufen. Als ich ihr sage, daß ich Anna bereits in der Schule getroffen habe, ist sie stocksauer. Ich zwinge mich zur Ruhe.

Sie schreit wieder und redet von Chance, die sie mir geben wolle. Und ich soll die Kinder in Ruhe lassen, solange sie in therapeutischer Untersuchung sind. Sie fragt, ob ich eine Ahnung habe, wieviel Jahre darauf stehen. Anna habe ihr alles erzählt.

»Was hat dir Anna erzählt?« will ich wissen.

»Das weißt du selbst«, bekomme ich zur Antwort.

Sie schreit wieder und droht:

»Wenn du nicht verschwindest, wird das ernste Konsequenzen haben!«

Schließlich nennt sie mich zum zweiten Mal an diesem Morgen ein Arschloch. Jetzt reicht es mir. Zum ersten Mal habe ich das Bedürfnis, sie zu beschimpfen und mir nicht gefallen zu lassen, wie sie mit mir umgeht. Ich fixiere sie und nenne sie leise ein mieses Schwein, worauf ich nicht ganz unerwartet eine Ohrfeige bekomme. Maria, die noch im Bett war, als ich kam, kommt die Treppe herunter und wirkt sehr verstört. Das ist auch kein Wunder bei dieser Auseinandersetzung. Ich gehe.

Am Abend des gleichen Tages telefoniere ich zweieinhalb Stunden mit meinem Schulfreund Dirk. Er versteht es wie kein anderer, in Diskussionen eine überzeugende Gegenposition einzunehmen. Aus diesem Grund sind die Auseinandersetzungen mit ihm immer sehr fruchtbar. Seiner Meinung nach sollte ich auf eine gerichtliche Klärung des Vorwurfs verzichten. Alles würde darauf hinauslaufen, daß das Verfahren wegen mangelnder Beweise eingestellt wird und Ute Gründe zuerkannt werden, den Mißbrauchsverdacht zurecht geäußert zu haben. Und das war's dann. Vielleicht hat er recht. Für mein eigenes Gewissen rät er mir, zwischen den Anwälten in irgendeiner Weise schriftlich fixieren zu lassen, daß Ute mich die Kinder nicht sehen lassen will.

Ich kann das für mich nicht akzeptieren. Dirk hat recht, ich habe innerlich keine Trennung von ihnen vollzogen. Das war auch nie mein Wunsch. Ich wollte und ich will Familie. Aber mit Ute ist mir das nicht mehr lebbar. Sie lebt in einer Traumwelt, in der es keine Zwänge von außen gibt, keine Banküberweisungen, die gemacht werden müssen, keine Korrespondenz, keine Autos, die zur Reparatur müssen, und keine Tomaten und Blumen, die bei Frost hineingeholt werden müssen. Dafür ein Leben mit Haushaltshilfe und mit vielen sozialen Kontakten bei Kaffee und Kuchen; ein Leben ohne Zeitdruck.

Ein solches Leben hat sie zu Beginn unserer Ehe eineinhalb Jahre lang gehabt. Unsere erste Tochter war noch nicht geboren und Ute ging nicht mehr arbeiten. Dann war das zweite Kind unterwegs. Als es so weit war, daß die Schwangerschaft beschwerlich wurde, bekam das erste Kind, Anna, Neurodermitis. War das ein Signal an die Außenwelt? Christoph sieht das so. Er meint, daß es eine Reaktion des Kindes auf Utes Ängste gewesen sei, etwa: ›Seht her, was ich alles auf mich nehmen muß?‹ Dann kam die große Veränderung. Die Geburt des zweiten Kindes und der Umzug nach Süddeutschland.

Ute beklagte sich. Ich nahm sie nicht an die Hand, um sie in ihr verlorenes Paradies zurückzuführen, und bekomme zu hören: »Du verstehst mich nicht, du hast mich nie verstanden.« Immer wieder der gleiche Vorwurf – oder: »Du kommst immer so spät nach Hause.«

Dabei bin ich in fünfeinhalb Berufsjahren nur ein einziges Mal nach acht Uhr und bestimmt keine zehn Mal nach 7 Uhr abends nach Hause gekommen. Ich bin immer vor allem Familienvater gewesen. Mein Beruf kam für mich erst an zweiter Stelle. Utes Unzufriedenheit muß aus anderen Gründen beständig gewachsen sein; schließlich wurde sie auch immer ungeduldiger und aggressiver im Umgang mit den Kindern.

Das dritte Kind? Welche Rolle spielt Ivon? Sicherlich ist Ivon das Kind, das ich gewollt habe. Ich war es, der gesagt hat: »Wenn wir nicht jetzt das Dritte machen, dann machen wir es wahrscheinlich nie mehr, dann werden wir uns an die Unabhängigkeit gewöhnt haben, die uns die etwas älteren Kinder jetzt erlauben.« Es ist wahr, ich habe mich um Ivon im Vergleich zu den beiden anderen weniger gekümmert. Aber hat Ute mich gelassen? In dieser Zeit lernte ich Christoph kennen und begann, an meinen Fähigkeiten im Umgang mit anderen Menschen, an meiner ›Sozialkompetenz‹, zu arbeiten. Ich verbesserte meine Kommunikation und wurde zunehmend sensibler in Gesprächen. Daher kann ich heute nicht sagen, ob sich über die Jahre lediglich meine Wahrnehmung verbessert hat, oder ob Utes Umgang mit mir tatsächlich vorwurfsvoller wurde. Dann gibt es auch Dinge aus jüngerer Vergangenheit. Zum Beispiel fällt mir ein, daß ich erlebte, daß morgens der Wecker klingelte, daß wir wach wurden und Ute meinen Gruß nicht erwiderte. Sie begegnete mir mit Distanz und Ablehnung. Sie sagte mir, daß sie geträumt habe, ich hätte sie mit ihrer Freundin Steffi betrogen. Ist Ute nicht in der Lage, ihre Gefühle und Ängste mit den tatsächlichen Gegebenheiten in Einklang zu bringen?

Das Gespräch mit Dirk verläuft wie viele andere auch. Das Fazit ist immer das gleiche. Wer es für möglich hält, daß ich meine Tochter sexuell mißbraucht habe, will von meiner Theorie ohnehin nichts wissen. Das Strickmuster ist einfach: Niemand leugnet seine Tat so hartnäckig wie ein Inzesttäter. Wird er entlarvt, so liegt es nahe, daß er behauptet, die Frau sei krank. Die anderen, die nicht an den Mißbrauch glauben, schütteln ihre Köpfe und sind fassungslos. Für sie steht fest, daß es sich um eine vorsätzliche Diffamierung handelt, um mir zu schaden. Sie sagen sich: Hier sind zwei erwachsene Menschen, die sich nicht mehr verstehen und jetzt mit den unmöglichsten Mitteln aufeinander losgehen, um dem jeweils anderen die Kinder wegzunehmen.

Wenige Tage später bin ich mit Ute in der Stadt verabredet. Es ist der Termin mit dem Kindertherapeuten, einem jungen Mann in Jeans und mit Drei-Tage Bart. Nachdem wir im Besprechungszimmer Platz genommen habe, bitte ich Herrn Eckner, sich und die Organisation, für die er arbeitet, vorzustellen. Er ist Mitarbeiter der Selbsthilfegruppe KOBRA, die es sich zur Aufgabe gemacht hat, sexuell mißbrauchten Mädchen zu helfen. Er selbst sei der einzige Mann in dieser Organisation und als solcher für die Täterbetreuung zuständig. Im weiteren erklärt er mir, daß Ute bereits bei seiner Kollegin, Frau Ismatis gewesen sei, und daß alle Fakten darauf hindeuten, daß Anna sexuell mißbraucht wurde. Anna hat angeblich zu Ute gesagt: »Der Papa hat es immer getan, wenn du nicht da warst.« Was ich getan haben soll, bleibt allerdings wieder unklar. Außerdem soll Anna als Zeitpunkt Utes Müttergenesungskur genannt haben, also neun Monate vor unserer Trennung.

Herr Eckner bietet mir seine Hilfe an. Ich weise sie mit dem Hinweis zurück, daß ich kein Täter bin. Dann sagt er, es sei der Wunsch meiner Frau, daß ich die Kinder für die Zeit der Therapie nicht sehe. Ich erkläre das für absolut unakzeptabel und zeige meinen Weg der gerichtlichen Klärung des Umgangsrechts auf. Eine gewisse Überraschung in seinem Gesicht ist nicht zu übersehen. Immerhin hat er mir als besonderen Vorzug der Arbeit von KOBRA gerade den Ausschluß öffentlicher Stellen genannt. KOBRA habe kein Interesse an einer Strafverfolgung.

Während der ganzen Zeit ist Ute auffallend still, sie läßt ihn reden. Als das Wort Strafverfolgung fällt, wendet sie sich zu mir. Sie sagt ganz ernst: »Thomas, ich habe kein Strafinteresse. Ich will lediglich, daß du dich von den Kindern fernhälst. Für die Zukunft hoffe ich, daß dir die Kinder eines Tages verzeihen. Ich möchte dir eine Chance geben und wünsche dir, daß du dich in eine Therapie begibst.«

Sie ist von dem, was sie sagt, offensichtlich überzeugt. Das ist nicht die Art eines Menschen, der vorsätzlich eine Falschbehauptung aufstellt. Ich bin zunächst sprachlos; dann frage ich nach Anna, und Ute erzählt, daß Anna sich verändert habe. Ich wüßte ja, daß sie wieder jede Nacht ins Bett macht. Außerdem bekritzele sie seit kurzem ihre Bilder oder zerreiße sie. Jeden Tag, sobald sie aus der Schule kommt, zieht sie ihr Karnevalskostüm an, ein Prinzessinnenkleid, und sie malt auch immer Prinzessinnen. Beim Malen wütet sie häufig und schreit: »Ich kann das nicht!« Weiter erfahre ich, daß sie ständig tobt und schreit, zum Beispiel: »Mama, ich bin blöd!« Herr Eckner erklärt, Annas Verhalten habe mittlerweile solche Dimensionen angenommen, daß sich Ute Erziehungshilfe gesucht hat.

Nach dem Gespräch bei KOBRA fühle ich mich ziemlich konfus. Mich irritiert Utes Überzeugung ebenso wie Annas Verhalten. So habe ich Anna bis zu meinem Auszug nie erlebt. Die Frage, die mich beschäftigt, ist: Könnte Anna vielleicht wirklich sexuell mißbraucht worden sein? Ich kann ja nur mich als Täter ausschließen. Auch frage ich mich, seit wann Anna wieder ständig einnäßt. Das könnte ein Hinweis sein auf den möglichen Zeitpunkt eines Mißbrauchs, wenn er denn stattgefunden hat. Ich verspüre eine ungeheure Wut. Der Gedanke, daß jemand meine Tochter mißbraucht haben könnte, macht mich rasend. Dann wiederum versuche ich mich zu beruhigen und das Verhalten durch die Trennungssituation zu erklären. Ich frage mich, inwieweit die Kinder in der Lage sind zu erkennen, daß Ute mich aus dem Haus getrieben hat? Wie müssen sie sich jetzt fühlen, da sie ihr ausgeliefert sind? Ein gemeinsames Gespräch bei Professor Klosinski hat Ute abgelehnt; ebenso meinen Wunsch, die Kinder Weihnachten zu sehen.

Am nächsten Tag bin ich bei Professor Klosinski. Noch bevor er mich in sein Zimmer bittet, erklärt er mir, daß er nach einem Gespräch mit mir im Falle einer gerichtlichen Auseinandersetzung als Gutachter nicht mehr in Frage kommt. Das ist mir bewußt, doch ich will einen kompetenten Berater. Nach meiner Schilderung beruhigt er mich zunächst einmal:

»Die geschilderten Symptome zeigen, daß Anna in seelischer Not ist. Das erlaubt jedoch noch keinen Rückschluß auf einen sexuellen Mißbrauch.«

Ich erfahre, daß die Diagnose ›sexueller Mißbrauch‹ schwierig ist, und nur die Anhäufung vieler spezifischer Symptome einen deutlichen Hinweis darauf gibt. Noch problematischer ist es, sexuellen Mißbrauch auszuschließen. Daher wird ein Gutachten allenfalls sagen können, daß mit größter Wahrscheinlichkeit kein Mißbrauch stattgefunden habe. Die Aussage: ›der Vater hat die Tochter nicht sexuell mißbraucht‹, wird es niemals geben. Schließlich fragt er mich nach sexuellen Problemen in unserer Ehe. Ich bin ganz perplex. Dann schildere ich ihm, wie ich den Umgang mit Sexualität in unserer Ehe sehe. Nachdem er erfahren hat, daß Ute Lehrerin für Biologie und Geschichte ist, fragt er, ob sie Sexualkundeunterricht gegeben hat. Diese Frage kann ich ihm nicht beantworten. Ich frage nach KOBRA. Er meint:

»KOBRA halte ich insgesamt für eine sinnvolle Einrichtung, auch wenn wir in verschiedenen Punkten sehr unterschiedliche Betrachtungsweisen haben. Ich habe versucht, mit KOBRA darüber zu sprechen, wir sind uns aber nicht näher gekommen. Im konkreten Fall sehe ich die Gefahr, daß ein Kind, das nicht mißbraucht wurde, bei KOBRA durch Suggestivfragen an das Thema Sexualität herangeführt wird. Das ist allerdings sehr schädlich.«

Zum Abschluß unseres Gesprächs rät er mir, den Kontakt zu den Kindern zu meiden. Er sagt:

»Wenn ein Elternteil absolut keinen Kontakt der Kinder mit dem anderen Elternteil will, dann wird jede Begegnung die Kinder in einen unlösbaren Konflikt stürzen. Halten Sie sich im Interesse Ihrer Kinder zurück!«

Bald darauf ist schon Weihnachten, und ich bin froh, nach Holland fahren zu können. In den Niederlanden spielt Weihnachten eine untergeordnete Rolle. Ich könnte die deutsche Sentimentalität jetzt nicht ertragen. Auf dem Weg nach Goudbol bin ich am Vorweihnachtstag noch kurz in Köln, um ein paar Sachen einzukaufen. Dabei komme ich am Dom vorbei. Ich gehe hinein. Hilft es, für die Kinder zu beten? Ich bin kein gläubiger Christ. Der Gedanke, zu beten, ist mir fremd. Komisch, daß ich gerade jetzt darauf komme. Wahrscheinlich ist es meine Hilflosigkeit angesichts der Situation. Als ich am Opferstock vorbeigehe, kommt mir für einen flüchtigen Augenblick der Gedanke, für jedes der Kinder eine Kerze anzuzünden. Ich weine, gehe weiter und tue es nicht, weil ich nicht weiß, was geschieht, wenn die Kerze erlischt.

Auf Goudbol nutze ich die Zeit zu ausgedehnten Spaziergängen am Strand. Es sind Stunden über Stunden des Grübelns. Immer wieder schwanke ich in meiner Überzeugung hin und her – hat Ute den Vorwurf vorsätzlich ausgesprochen, oder ist sie krank? Mir fallen immer mehr Dinge aus der Vergangenheit ein, hinter die ich jetzt ein Fragezeichen mache. Es handelte sich um kleine Irrationalitäten, die ich für sich allein betrachtet vielleicht eher als einen kleinen Tick bezeichnen würde. In der Summe erschrecken sie mich.

Aufgefallen ist mir Utes Art, alle möglichen Dinge anzudenken, zu planen, vielleicht sogar erste Schritte zu unternehmen, sie aber schließlich nicht weiter zu verfolgen. Seit mehr als eineinhalb Jahren verspricht sie den Kindern einen Schwimmkurs. Ab und zu erinnere ich sie daran. Auch die Kinder fragen immer wieder. Bislang ist nichts geschehen.

Ein anderes Beispiel ist die Heckenrose, die sie gekauft und niemals gepflanzt hat. Täglich lief sie daran vorbei, offenbar ohne sie wahrzunehmen. Nach sechs Wochen war die Rose vertrocknet.

Immer wieder kam es vor, daß sie Termine ganz kurzfristig absagte. Einmal im Monat leitet sie ein Treffen des Arbeitskreises ›Allergiekrankes Kind‹, eine Sache, die ihr viel Freude macht. Trotzdem habe ich mehrfach erlebt, daß sie, obwohl sie sich die ganze Woche darauf freute, zwei Stunden vor dem Termin eine Vertretung gesucht hat. Tagelang sprach sie von dem bevorstehenden Elternabend, zwanzig Minuten vor der Abfahrt bat sie mich, den Termin wahrzunehmen. Wann immer ich sie darauf angesprochen habe, hat sie mir erklärt, sie sei zu erschöpft und wolle ihre Ruhe haben. Dabei führte sie als Grund für die Erschöpfung ausschließlich Dinge aus der Vergangenheit an.

Etwa ein Jahr nach Annas Geburt beklagte ich zum ersten Mal ihre Antriebslosigkeit. Damals sagte sie, sie habe aus den vielen Nächten, in denen sie stillte, noch Schlaf nachzuholen. Mehr als ein halbes Jahr später?

Januar 1992 – Mein Sorgerechtsantrag

Zurück in Deutschland, vereinbare ich zunächst Termine mit dem Kinder- sowie dem HNO-Arzt. Ute hat mittlerweile den Kontakt zu allen Freunden abgebrochen. Von den Ärzten erhoffe ich mir, etwas über die Kinder zu erfahren. Ich habe richtig vermutet: Anna hatte eine Mittelohrentzündung, und auch Ivon und Maria waren wegen Ohrenentzündung beim Arzt. Ich frage mich, ob Christoph recht hat: Er hält Ivons Mittelohrentzündungen für eine psychosomatische Reaktion, die man als ein Signal verstehen kann, das heißt: ›Ich kann/will es nicht mehr hören.‹ – Ich halte es nicht mehr aus. Seit eineinhalb Monaten habe ich die Kinder nicht gesehen. Ich kann an keinem Spielwarengeschäft vorbeigehen. Manchmal schießen mir spontan Tränen in die Augen, wenn ich kleine Kinder sehe oder nur höre.

Ich fahre zu unserem Haus. Es ist hell erleuchtet. Anna kommt die Treppe herunter, sie ist dabei, ihren Bademantel anzuziehen und sieht mich nicht. Ich gebe mir einen Ruck, steige aus und gehe langsam zum Haus. Jetzt habe ich die Kraft. Ich klingle. Einen Augenblick später wird der Riegel gesichert und Ute macht die Tür einen Spalt auf. Sie fragt bissig:
»Was willst du?«
»Unsere Kinder sehen.«
»Ich lasse dich nicht in die Wohnung!«
Eines der Kinder kommt, um zu sehen, wer an der Tür ist. Ich glaube, es ist Maria. Ute stellt sich deutlich vor sie, macht die Tür ein Stückchen weiter zu und schiebt sie wortlos mit einem Arm wieder in den Flur. Ich möchte etwas sagen, aber es hat mir die Stimme verschlagen. Ich fange an zu zittern. Ute sagt nichts. Ich senke meinen Kopf. Sie macht die Tür zu. Was hatte ich erwartet? Weinend gehe ich zum Auto und habe Mühe, die Tür aufzuschließen.

Für mich steht fest, daß die Kinder nicht bei Ute bleiben können. Ich werde das Sorgerecht beantragen. Mittlerweile hat sich die Gegenseite zu unserer Forderung nach einem Umgangsrecht geäußert. Utes Anwalt schreibt, daß Ute nicht bereit ist, einen Kontakt zwischen den Kindern und mir zu gestatten. Die Kinder hätten extreme Angst vor mir und nach Aussagen von KOBRA sei Anna mit Sicherheit sexuell mißbraucht worden. Daneben rät er, mit Hinblick auf die strafrechtliche Komponente, von einer gerichtlichen Klärung des Umgangsrechts abzusehen.

Noch einmal diskutiere ich mit dem Psychoanalytiker Dr. Schrem die Situation. Ich frage ihn, was einen Menschen dazu bringen kann, eine solche Behauptung aufzustellen. Schrem, der Ute nicht kennt, geht davon aus, daß sie gesund ist. Nach seiner Auffassung ist ihre Haltung eine Folge ihrer narzißtischen Wut. Er erklärt, daß die Trennung eine schwere Kränkung für sie darstelle, die sie nur durch diese Wut kompensieren könne. Ich lerne, daß diese Form der Wut keine Befriedigung erfahren kann. Nach seinen Worten habe ich mich darauf einzustellen, daß es ewig so weitergehen wird. Dazu erzählte er mir einen Fall aus seiner Praxis, in dem ein geschiedener Mann seine Ex-Frau mittlerweile mit 52 Klagen überhäuft hat. Diese Aussicht weckt in mir großes Unbehagen, und ich will wissen, ob man dem nicht beikommen kann.

»Das ist möglich«, ist seine Antwort, »durch langfristige Psychotherapie.«

»Was geschieht, wenn sie in diesem Verfahren unterlegen ist?« frage ich.

»Dann ist es wahrscheinlich, daß sie ihre narzißtische Wut gegen sich selbst richtet und Selbstmord begeht.«

»Wirklich?« frage ich betroffen, »wie wahrscheinlich?«

»Ziemlich«, sagt er, »höher als 70 Prozent.«

Ich schweige, und er fährt fort:

»Viele Selbstmorde sind in Wirklichkeit nur Selbstmordversuche, die Opfer wollen eigentlich nicht sterben. Die wirklich erfolgreichen Selbstmorde gehen fast ausschließlich auf das Konto narzißtischer Wut gegen sich selbst. Sie werden sehen«, scherzt er, »sie wird sich umbringen und behaupten, Sie seien es gewesen. Das ist das höchste Glück eines Narzißten.«

Seine Interpretation läßt keinen Zweifel: Gewinne ich den Prozeß, dann wird Ute sich vermutlich das Leben nehmen. Seither quält mich dieser Gedanke. Muß ich mich wirklich zwischen der psychischen Unversehrtheit unserer Kinder und dem Leben meiner Frau entscheiden? Einen Menschen wissentlich in den Selbstmord schicken, darf man das? Was werden die Kinder eines Tages sagen? Kann ich damit leben? Es ist grauenhaft. Nacht für Nacht liege ich wach.

Noch einmal diskutiere ich mit Dr. Schrem. Er sagt, daß die Trennung nur der Auslöser sei. Die tatsächliche narzißtische Kränkung sei in der Kindheit erfahren worden, häufig als Folge einer Vernachlässigung durch die Eltern oder das Fortgehen eines Elternteils. Es paßt. Ute ist vernachlässigt worden. Das hat sie mir selbst erzählt. Als kleines Kind war sie, während ihre Eltern arbeiteten, Stunden um Stunden allein in der Wohnung. Sollen unsere Kinder – soll ich jetzt dafür büßen? Kurz darauf treffe ich eine Entscheidung. Ich beschließe, meinen Weg weiterzugehen.

Ich bitte nunmehr meinen Anwalt, einen Sorgerechtsantrag zu stellen. Für gewöhnlich wird das Recht der elterlichen Sorge erst mit der Scheidung geregelt. Da die Scheidung aber erst nach einem Jahr der Trennung zulässig ist, gibt es in begründeten Fällen die Möglichkeit, das Sorgerecht vorab regeln zu lassen. Mein Arbeitgeber sagt mir Unterstützung zu. Sobald es erforderlich wird, kann ich einen Heimarbeitsplatz eingerichtet bekommen und meine Arbeitszeit reduzieren. Somit würde ich wenigstens keine existentiellen Probleme haben, wenn mir die Kinder zugesprochen würden.

Am 27. Januar stellt mein Anwalt den Antrag, die elterliche Sorge für unsere drei Kinder auf mich zu übertragen. Er begründet ihn mit der Gefährdung der Kinder: ›Der Antragsteller geht, nach eingehender Beratung mit Fachleuten, davon aus, daß die Antragsgegnerin ernsthaft erkrankt ist. Sie hat ein gespaltenes Bewußtsein. Sie setzt sich mit der Realität nur verzerrt auseinander bzw. hat sich ihre eigene Realität zurechtgebaut. Sie nimmt nur die Informationen auf, die sich mit ihrer Meinung decken. Dies alles führt bei ihr zu Wahnvorstellungen.‹

Anschließend stellt er die Folgen für die Kinder dar: Annas Neurodermitis, ihr Bettnässen und das destruktives Verhalten sowie die Neigung zum Erbrechen in jüngster Zeit. Ferner Marias Introvertiertheit und Ivons Kleinwüchsigkeit sowie ihr auffälliges Schweigen und ihr ständiges Einnässen.

Er appelliert an das Gericht, entsprechend dem Antrag zu entscheiden, weil sich die Schädigungen, die die Antragsgegnerin überwiegend bislang nicht wahrgenommen habe, andernfalls noch vertiefen würden, insbesondere, da die Wahnvorstellungen mittlerweile so weit gehen, daß die Antragsgegnerin glaube, Anna sei vom Vater sexuell mißbraucht worden.

Am gleichen Tag habe ich ein eineinhalbstündiges Gespräch mit Herrn Eckner von KOBRA. Viermal hatte ich bei KOBRA angerufen. Jedesmal hatte ich um Rückruf durch Frau Ismatis oder ersatzweise auch Herrn Eckner gebeten. Als Herr Eckner endlich zurückrief, erklärte er, daß Frau Ismatis den Kontakt mit mir ablehne. Er gab mir sehr deutlich zu verstehen, daß auch er kein Interesse daran habe, mit mir zu sprechen. Ich bestand aber darauf.

Jetzt endlich war doch ein Termin zustande gekommen. Ich erzähle ihm meine Sicht der Dinge. Als wir auseinandergehen, sichert er mir zu, mit seiner Kollegin zu sprechen. Seine Reaktionen auf meine Darstellungen verraten mir nicht nur wenig Interesse, sondern auch keinerlei Bereitschaft, auf eine Diskussion einzugehen.

Da Ute alle Freunde meidet, gibt es niemanden mehr, von dem ich etwas über meine Kinder erfahren könnte. Das ist zermürbend. Darum wende ich mich per Briefpost an die Schule und an den Kindergarten. Ich schildere, daß Ute mich gegen meinen Willen von jeder Information abschneidet. Da bis zu einer Entscheidung über die elterliche Sorge beide Elternteile das Sorgerecht haben, bitte ich, mich über die Belange meiner Kinder sowie alle relevanten Termine zu informieren.

Eine Woche später habe ich noch keine Antwort. Ich beschließe, es im persönlichen Kontakt zu versuchen. Zunächst suche ich Annas Lehrerin in der Waldorfschule auf. Sie gibt mir bereitwillig Auskunft.

»Anna verkraftet die Trennung ausgesprochen gut. Sie beteiligt sich am Unterricht lebhaft und man sieht ihr an, daß sie den Stoff bereitwillig aufnimmt. Nur manchmal, gegen Ende der Stunde, wirkt sie auch schon einmal geistesabwesend«, sagt sie.

Sie bestätigt meinen Eindruck, daß Anna offenbar in der Schule etwas ganz Eigenes hat, etwas, das ihr erlaubt, sich für einige Stunden des Tages von Ute zu lösen. Trotzdem mache ich mir Sorgen. Ein Satz bleibt mir im Ohr: »Sie erzählt mir sehr viel von ihrer Katze und ihrem Hamster, auch von den Geschwistern und manchmal von Ihrer Frau, aber sie hat noch nie von Ihnen gesprochen.« Was geht in Anna vor?

Am Donnerstag gehe ich frühmorgens, lange bevor meine Kinder kommen, in den Kindergarten. Frau Schüle, der Kindergärtnerin, ist anzusehen, daß ihr mein Besuch unangenehm ist, trotzdem bittet sie mich herein. Ich frage sie, wie sie die Kinder gerade erlebt.

Sie antwortet:»Herr Alteck, ich habe gehört, daß Sie in Trennung leben. Das ist ja schrecklich.«

Ich gehe ganz kurz darauf ein, dann wiederhole ich meine Frage noch einmal und bekomme eine ebenso ausweichende Reaktion wie zuvor. Daraufhin weise ich sie darauf hin, daß ich mit ihr nicht über meine Trennung sprechen möchte, sondern etwas über meine Kinder zu erfahren wünsche. »Den Kindern geht es gut!« ist ihre Antwort. Ich kann ihre wachsende Nervosität beobachten und habe den Eindruck, daß sie am liebsten vor mir im Erdboden versinken würde.

Es entwickelt sich ein sehr deutliches Gespräch, in dessen Verlauf sie mir gesteht, daß Ute ihr verboten habe, mit mir zu reden. Schließlich bleibt mir nur zu erklären, daß ich das nicht akzeptiere und ich mich gezwungen sehe, mich an ihre Vorgesetzte im Rathaus zu wenden.

Als ich dort bin und das Zimmer betrete, klingelt das Telefon. Frau Schüle ist am Apparat. Frau Kung hört ihr zu. Nach einigen Minuten verabschiedet sie sich mit den Worten, daß sie gegebenenfalls zurückruft. Sie verspricht mir, sich über die rechtliche Situation zu informieren und mich anzurufen.

Februar 1992 – Erste Verhandlung

Als sie sich bis Dienstag noch nicht gemeldet hat, rufe ich an. Zu meinem Erstaunen hat sie inzwischen Frau Schüles Position übernommen. Die Situation sei verworren und ich möchte mich doch bitte gedulden, bis daß das Gericht eine Entscheidung getroffen hat. Ich weise sie darauf hin, daß bis zu einer Entscheidung beide Eltern sorgeberechtigt sind. Daraufhin erklärt sie, daß sie zwar keine Rechtsinformation bekommen habe, daß ihre Auffassung aber nach Rücksprache mit dem Jugendamt zustande gekommen sei. Das glaube ich ihr nicht.

Deswegen rufe ich unseren Bürgermeister an und bitte ihn, in seinem Laden für Ordnung zu sorgen. Er sichert mir zu, sich der Sache anzunehmen. Einen Tag später bin ich beim Jugendamt. Nicht Frau Danskin, mit der ich Kontakt aufgenommen hatte, sondern ihre Vertretung, Frau Meier-Theurer, hat mit Frau Kung gesprochen. Sie versucht, Zeit zu gewinnen, auf die Sache will sie sich nicht einlassen. Sie hält einen Monolog und gebraucht die gleichen Formulierungen wie Frau Kung. Sie haben sich offenbar abgestimmt.

Ich werde an einem der nächsten Tage sehr früh wach und sehe die Chance, in den Kalkweg nach Ebingen zu fahren, um einmal zu schauen, was dort passiert. In den letzten Tagen hatte ich schon des öfteren mit diesem Gedanken gespielt. Ich nehme das Fernglas mit und parke gegen sieben Uhr in der Frühe auf der anderen Seite des Bahndamms. Ich habe ein seltsam beklemmendes Gefühl, die eigene Familie zu beobachten. Als Anna mit ihrer Schultasche die Treppe herunter kommt, fange ich an zu weinen. Dann sehe ich den Kater am Fenster. Später geht die Haustür auf. Ute kommt heraus. Sie wirkt ernst und angespannt und geht zur Garage. Schließlich kommt Anna. Maria begleitet sie zur Tür und schaut ihr nach. Ute und Anna steigen ein und fahren los. Maria steht an der Tür, schaut sich noch einmal um und geht hinein.

Ich halte es nicht mehr aus. Ich will die Kinder sehen. Ich weine, gehe zum Haus und klingle. Es dauert – mir kommt die Zeit unendlich lang vor. Dann höre ich Maria:
»Wer ist da?«
»Ich bin es, der Papa.«
»Ich darf dich nicht hereinlassen!«
Ein Stich durchs Herz.
»Hat die Mama das gesagt?« frage ich.
Sie hat mich nicht verstanden, denn sie fragt:
»Hat die Mama gesagt, daß ich dich hereinlassen darf?«
Ich gehe in die Knie, um in ihrer Höhe hinter der Tür zu sein und sage:
»Nein, Schatz, ich fragte, ob die Mama dir gesagt hat, daß du mich nicht hereinlassen darfst.«
Sie macht die Tür auf. Sie sieht blaß aus. Ich knie auf der Stufe und Maria fällt mir in die Arme. Ich schluchze. Sieben Wochen ist es her. Ich weiß nicht mehr, ob ich etwas gesagt habe. Ich glaube, ich habe sie nur festgehalten und geweint. Schließlich sagt Maria:
»Ich hole Ivon«, dreht sich um und läuft los. Mir kommt es ewig lange vor. Schließlich gehe ich hinein. Maria steht unten auf der Treppe, Ivon kommt die Treppe herunter. Ich gehe ihr entgegen und nehme sie in den Arm. Sie wirkt ein wenig verstört. Ich drücke sie und weine. Maria setze ich auf mein Bein. So hocken wir zu dritt dort. Maria erzählt, daß auf unserem Brunnen ganz viel Eis war und Ivon ergänzt, daß man darauf hätte Schlittschuh fahren können. Sie spricht – wie schön. Ich küsse beide Kinder und sage, daß ich hoffe, daß wir uns bald wieder sehen, und:
»Die Mama will nicht, daß ich euch sehe – ich weiß nicht, was mit der Mama los ist.«
Sogleich frage ich mich, wieso ich ihnen das erzähle. Ziehe ich sie damit nicht unnötig in diese Auseinandersetzung hinein? Ich bin so unsicher.
Als ich wieder fahre, winken mir Maria und Ivon am Fenster. Beide sind sehr blaß und vor allem gar nicht fröhlich.

Acht Tage später habe ich einen Termin beim Bürgermeister. Er ergreift das Wort und entschuldigt sich für den unschönen Ablauf der Dinge. Dann fordert er Frau Schüle auf, zu berichten. Sie liest vom Blatt ab: Eine umfassende Schilderung der Beobachtung der Kinder in der derzeitigen Situation. Sie ist absolut sachlich gehalten und auf den pädagogischen Aspekt der kindlichen Entwicklung beschränkt.

Beim Zuhören schießen mir Tränen in die Augen. Warum muß mich jemand auf diese Art über meine Kinder in Kenntnis setzen? Womit habe ich verdient, so behandelt zu werden? Wieso kann sie nicht normal mit mir reden? Wie kann es angehen, daß man Ute soweit Glauben schenkt, daß man so mit mir umgeht? Ist das alles, was ich in Zukunft über meine Kinder erfahren werde? – Daß sie altersgemäß malen, daß Marias Bilder ausdrucksstark sind, und daß Ivon einen eher zurückhaltenden Eindruck macht?

Ute hat inzwischen auch einen Sorgerechtsantrag gestellt. Die wesentlichen Aussagen sind, die Kinder hätten Angst vor mir und wollten nicht mit mir allein sein. Anna habe zu Ute gesagt: »Ich hatte auch schon Streit mit dem Papa. Das fing an, als du zur Kur warst.« Und auf Utes Frage, ob sie Unfug gemacht habe, und ich deshalb mit ihr geschimpft habe: »Nein, er ist einfach gekommen. Mama, er hat es dreimal getan, einmal am Abend und zweimal am Tag.« Per einstweiliger Anordnung fordert sie zudem das Aufenthaltsbestimmungsrecht für die Kinder. Der Tag der Verhandlung rückt immer näher, und ich werde immer unruhiger. Ich sehne diesen Tag herbei wie noch keinen anderen in meinem Leben.

Am Vorabend instruiert mich Dr. Reiter, mein Anwalt.

»Lassen Sie sich von Ihrer Frau nicht provozieren! Vermeiden Sie unbedingt, vor Gericht laut zu werden!«

Auf meine Frage, was denn morgen passieren wird, antwortete er:

»Der Richter wird uns um Erläuterung unseres Antrags bitten und versuchen, sich ein Bild zu machen. Das Maximum, das wir morgen erreichen können, ist, daß der Richter meint, das nicht entscheiden zu können und ein Gutachten verlangt. Wenn er der Auffassung ist, daß er sich einen hinreichenden Eindruck verschaffen konnte, wird er ein Urteil sprechen. Ohne Gutachten wird das Urteil sicher nicht zu unseren Gunsten ausfallen, dann müssen wir in die zweite Instanz. Ich persönlich gehe lieber in die zweite Instanz. Dort wird besseres Recht gesprochen.«

»Was heißt das?« will ich wissen.

Er fährt fort: »In der zweiten Instanz sitzen drei Richter, die über den Fall zu entscheiden haben. Drei Richter sehen und hören mehr als einer. Meine Erfahrung ist, daß dabei bessere Urteile zustande kommen.«

In der Nacht habe ich kaum geschlafen. Ich treffe Dr. Reiter vor dem Amtsgericht. Ich spüre, daß meine Handflächen feucht sind. Im Verhandlungssaal sitzen Ute und ihre Anwältin. Wir weichen in einen Nebenraum aus. Einen Moment später kommt ein Mann mit einem auffallend fröhlichem Gesichtsausdruck und überreicht Dr. Reiter den Jugendamtsbericht, der gerade erst eingetroffen ist. Es ist Herr Tappert, der Richter.

Gemeinsam lesen wir, daß der Bericht aufgrund mehrerer Einzelgespräche und eines Hausbesuchs erstellt wurde. Die Mutter habe erstmals im Frühjahr den Verdacht gehabt, der Vater habe die älteste und eventuell auch die jüngste Tochter sexuell mißbraucht. Aufgrund dessen habe sie Kontakt zu KOBRA aufgenommen. Dort habe man bestätigt, daß deutliche Hinweise auf sexuellen Mißbrauch vorlägen. Anna sei jetzt regelmäßig dort in Therapie und Ivon mache eine Therapie beim Kinderschutzbund.

Konkrete Aussagen der Kinder über die Art der erfahrenen sexuellen Handlungen oder über die ausführende Person wurden der Mutter gegenüber noch nicht geäußert. Im weiteren ist zu lesen, daß die Mutter längerfristig einen Kontakt der Kinder mit dem Vater herstellen möchte, zur Zeit aber auf Anraten der Therapeuten keinen Kontakt will. Später soll dann vielleicht einmal im Monat ein- bis zweistündiges betreutes Besuchsrecht stattfinden. Im übrigen wünscht sich Ute, daß ich eine Therapie mache. Ein weiterer Absatz ist nach Rücksprache mit KOBRA geschrieben. Dort steht: ›Insgesamt gesehen muß davon ausgegangen werden, daß Anna im Haus der Eltern sehr Bedrohliches erlebt hat. Sexueller Mißbrauch ist aufgrund verschiedener Hinweise zu vermuten. Eine präzise Wiedergabe dieser Hinweise kann hier nicht erfolgen, da es sich um vertraulich weitergegebene Informationen handelt.‹ Im allgemeinen kann jedoch gesagt werden, daß Anna nach Einschätzung von Frau Ismatis unter einer großen seelischen Belastung und Bedrohung steht. Die Erlebnisse scheinen für Anna noch so bedrohlich zu sein, daß sie die momentan noch nicht im einzelnen wiedergeben kann.

Präzise Aussagen zum Mißbrauchsgeschehen setzen eine innere Ruhe und Bereitschaft voraus, die Anna noch nicht erreicht hat. Eine solche Bereitschaft erreicht ein Kind nicht im Kontakt mit der Person, die dem Kind wehgetan hat. Von seiten der Beratungsstelle wird daher ein Kontakt zwischen ihr und dem Vater als absolut verfrüht und sogar gefährlich eingeschätzt. Der Therapieprozeß könnte dadurch gestoppt oder gestört werden und letztlich den Therapieerfolg gefährden oder zunichte machen. Auch vor einem Kontakt der anderen Kinder mit dem Vater wird gewarnt. Eine indirekte Beeinflussung über die anderen Kinder könnte diesen ersten wichtigen Therapieprozeß ebenfalls stören. Zu diesen Störungen gehört nach Einschätzung der Beratungsstelle auch ein kinderpsychologisches Gutachten.

Schließlich ist noch erwähnt, daß Ute einen völlig normalen Eindruck macht. Lobend wird erwähnt, daß sie sich Unterstützung durch Experten gesucht hat und man erleben konnte, daß sie ihren Kindern mit liebevoller Zuwendung und erzieherischer Klarheit begegnete. Ein Absatz gibt dann auch meine Position wieder.

Abschließend heißt es im Bericht des Jugendamtes: ›Bezugnehmend auf die Experteneinschätzung sollten daher sowohl Kontakte als auch die Erstellung von kinderpsychologischen Gutachten vorerst nicht erfolgen, sondern das Ergebnis der Therapie bei der Beratungsstelle KOBRA abgewartet werden.‹

Ich glaube es nicht. Wie kann das Jugendamt so etwas schreiben?

Sechs Seiten ist die Rede von Ute. Sie sind voll von Frau Danskins vorteilhaften Wertungen. Nur eine Seite befaßt sich mit meiner Position – ohne Wertungen. Dr. Reiter nimmt es gelassen. So stehen wir auf und begeben uns in den Nebenraum. Der Richter begrüßt uns und nennt den Grund des heutigen Zusammentreffens. Er fügt hinzu: »Ich habe die Schriftsätze gelesen und ich muß bekennen, daß es noch keinen vergleichbaren Fall im Landkreis gegeben hat.«

Dann eröffnet er die Verhandlung, greift zum Mikrofon und beginnt zu protokollieren: »Bei Aufruf der Sache sind erschienen: usw.« Ich erhalte Gelegenheit, meine Position darzustellen. Von Utes Seite kommt wiederum nichts Greifbares. Herr Tappert fragt mich, was Anna gemeint haben könnte, als sie sagte: ›Der Papa hat es getan...‹ Ich antworte mit Achselzucken und sage: »Klavierspielen oder Schimpfen? – ich weiß es nicht.« Um eine Entscheidung über das Aufenthaltsbestimmungsrecht zu vermeiden, bietet Dr. Reiter die freiwillige Zurückhaltung meinerseits an. Aufgrund von Klosinskis Rat gebe ich dem Richter mein Wort, den Umgang mit den Kindern nicht zu erzwingen. Zum Abschluß der Verhandlung sagt Herr Tappert: »Ich werde so schnell als möglich ein Gutachten über die Situation der Kinder in Auftrag geben. Der Gutachter soll auch zu den Eltern Stellung nehmen.« Er möchte Klosinski beauftragen. Die Gegenseite lehnt ihn wegen Befangenheit ab, da ich bereits Kontakt zu ihm hatte. Dann sagt der Richter:

»Abschließend bitte ich Sie, Frau Alteck, bis zur Klärung nicht mehr zu behaupten, Ihr Mann habe die älteste Tochter sexuell mißbraucht und Sie, Herr Alteck, behaupten bitte nicht mehr, Ihre Frau sei geisteskrank.« Wir nicken beide. Damit ist die Verhandlung geschlossen.

März 1992 – Das Interview

Bald hat Maria Geburtstag. Es wird ein Geburtstag ohne Vater sein. Ich will meine Kinder sehen. Der Gedanke, daß dies alles von Ute möglicherweise bewußt inszeniert ist, macht mich rasend. Dann muß ich mich wieder zur Ruhe zwingen, wenn ich an eine gestörte Psyche glaube.

Auf dem Weg zur Arbeit: Eine rote Ampel zwingt mich zum Anhalten. Ich benutze die Pause, um das Radio anzudrehen. Ich höre Ute: »Den Verdacht des sexuellen Mißbrauchs der ältesten und wahrscheinlich auch der jüngsten Tochter hatte ich bereits im Frühjahr.« Ich bin wie vom Blitz getroffen. Ich höre meine Frau im Radio, und sie beschuldigt mich des sexuellen Mißbrauchs an Anna und Ivon. Ich gerate in Panik und schaue mich hektisch und verzweifelt nach allen Seiten um. Ich meine, daß dort irgend jemand sein muß, der mich sieht und mir durch sein Nicken zu verstehen gibt, daß er Zeuge dieses ungeheuerlichen Vorfalls ist. In dieser Verfassung bekomme ich nur bruchstückhaft mit, was Ute sagt. Sie habe sich an KOBRA und den WEISSEN RING gewandt. Was zum Teufel ist der WEISSE RING? frage ich mich.

Dann sagt der Sprecher, daß ich die Tat abstreite. Hinter mir wird gehupt, die Ampel ist grün. Mechanisch fahre ich los. Bis zum Firmenparkplatz sind es nur noch dreihundert Meter. Ich bin verwirrt, steige aus und gehe mit schnellen Schritten ins Büro. Am Schreibtisch vergrabe ich meinen Kopf in meine Hände und schluchze. Es ist so unfaßbar.

Als ich mich wieder einigermaßen gefaßt habe und wieder klar denken kann, ist es viertel vor neun. Zu früh, um Dr. Reiter zu erreichen. Ich nehme den Hörer ab und lasse mir von der Auskunft die Nummer des Süddeutschen Rundfunks geben. Ich werde mehrmals weiterverbunden, dann habe ich die Sendeleiterin des ›Journal am Morgen‹. Ja, ein Manuskript könne sie mir gerne schicken. Zehn Minuten später habe ich ein Fax mit dem Sendeaufplan in meiner Hand. Was Ute gesagt hat, geht aus dem Skript nicht hervor. Es enthält nur den Sprechertext: daß das Gericht jetzt entscheiden müßte, wer das Sorgerecht für die Kinder bekommt, denn der Vater streite die Tat ab, erkläre die Mutter für nicht zurechnungsfähig und beanspruche die Kinder für sich. Die Situation sei für die Mutter wie für die Töchter äußerst schwierig. Der WEISSE RING finanziere ihnen einen Erholungsurlaub, damit sie etwas Abstand zum häuslichen Geschehen bekommen können.

Noch einmal rufe ich den SDR an. Das Interview könne ich selbstverständlich auch bekommen, dazu müsse ich allerdings eine leere Kassette schicken oder vorbeibringen. Dann rufe ich Dr. Reiter an. Er ist zunächst sprachlos, dann fragt er:
»Sind Sie sicher, daß es sich bei der interviewten Person um Ihre Frau handelte?«
Ich erwidere: »Ja – zweifelsfrei! Die Stimme war vielleicht geringfügig verfälscht, aber die ganze Art des Sprechens und der Inhalt lassen keinen Zweifel zu, das war Ute!«
»Das ist ja ein dicker Hund«, meint er, »besorgen Sie sich die Unterlagen und rufen Sie mich wieder an.«
Dann klärt er mich noch darüber auf, daß der WEISSE RING eine Organisation ist, die Verbrechensopfern hilft. Sie wurde von Eduard Zimmermann, bekannt aus der Fernsehsendung ›Aktenzeichen XY‹, ins Leben gerufen. Im Anschluß rufe ich in meiner Verzweiflung Dr. Schrem an.
»Was kann ich jetzt tun? – Sie ist übergeschnappt. Ich kann doch nicht einfach dasitzen und warten, daß sie als nächstes an eine Fernsehanstalt geht. Kann ich sie zwangseinweisen lassen?«
Er antwortet: »Da bin ich nicht kompetent. Darüber sollten Sie mal mit einem Psychiater sprechen.«

Am Nachmittag des darauffolgenden Tages bin ich bei einem Psychiater. Er hört sich meine Geschichte an und gibt mir durch deutliches Kopfnicken zu verstehen, daß er mir folgt. Ab und an unterbricht er mich und bittet mich, die Dinge ausführlicher zu erläutern. Das Fazit ist, daß er meint, Ute hätte offenbar einen großen Realitätsverlust. Eine Zwangseinweisung sei damit aber nicht gerechtfertigt. Er erklärt:

»Eine Einweisung gegen den Willen des Betreffenden ist nur möglich, wenn der oder die Kranke andere Personen gefährdet. Die psychische Gefährdung der Kinder ist objektiv zwar gegeben, aber nur schwer oder gar nicht zu beweisen. Unter den gegebenen Umständen wäre ihre Frau mit Sicherheit spätestens nach drei Tagen wieder entlassen.«

Von der Pforte des SDR rufe ich die Sendeleiterin an. Sie verbindet mich mit dem Justiziar. Dieser verweigert mir nun die Herausgabe des Interviews mit einem Hinweis auf Persönlichkeitsrechte und Pressefreiheit. Schließlich sei gar nicht sicher, daß es sich um meine Frau gehandelt habe. Auf meine Frage, ob das Gericht das Band anfordern könne, antwortete er: »Sofern der Richter die Herausgabe verlangt, wird sich der SDR nicht widersetzen.«

Ich fahre nach Ebingen, um Maria ihr Geburtstagsgeschenk zu bringen. Es ist niemand da. Die Nachbarin sagt, daß Ute etwa seit Montag fort ist. Am Abend spreche ich mit meiner Schwiegermutter. Sie erklärt, daß Ute verreist ist. Wohin sie ist, will sie mir nicht sagen. Daraufhin erzähle ich ihr von dem Radiointerview. Das will sie nicht glauben. Dann erinnert sie sich, daß, als sie vor kurzem bei Ute war, jemand vom ZDF anrief und fragte, ob Ute an einem Beitrag über Kinderpornographie und sexuellem Mißbrauch für die Sendung ›Mona Lisa‹ mitarbeiten würde.

»Das hat Ute abgelehnt«, sagt Julia. Trotzdem ist sie nicht bereit, mir etwas zu sagen. Ich versuche, Druck auf sie auszuüben, indem ich ihr Einzelheiten aus dem Interview erzähle. Plötzlich bricht ihre Stimme. Sie weint und stammelt:

»Oh Gott, oh Gott, Thomas, das hat doch nun keiner gewollt.«

So habe ich meine Schwiegermutter noch nicht erlebt.

Am nächsten Morgen erfahre ich, daß Ute unsere Tochter für zwei Wochen aus der Schule genommen hat. Vermutlich für den vom WEISSEN RING finanzierte Urlaub. Ich frage Dr. Reiter nach einer Möglichkeit, ihr das spurlose Verschwinden zu untersagen.

»Können wir nicht das Aufenthaltsbestimmungsrecht für die Kinder beantragen?«

»Nein!« sagt er, »der Antrag wird mit Sicherheit kostenpflichtig zurückgewiesen.«

Ich kann nichts anderes tun, als warten. Dr. Reiter informiert das Gericht, daß Ute unsere Tochter ohne Grund aus der Schule genommen hat und beschwert sich über das Interview. Er regt an, es vom SDR anzufordern.

Mitte März gibt es eine neue Überraschung. Ute hat einen Härtescheidungsantrag gestellt. Darauf hatte ich insgeheim gehofft. Ich will nicht länger mit ihr verheiratet sein, aber ich scheue mich, einen Scheidungsantrag zu stellen, weil es so aussieht, als ob ich meine Frau zu dem Zeitpunkt verstoße, in dem ich annehme, daß sie krank ist. Trotz ihres Mißbrauchsvorwurfs fühlte ich mich für sie verantwortlich. Zu meinem größten Erstaunen ist des Thema des sexuellen Mißbrauchs nicht mit einer einzigen Silbe erwähnt. Als Begründung für den Antrag ist angeführt, daß ich in der Vergangenheit verschiedentlich ehewidrige Beziehungen gehabt hätte.

»Wenn Sie Ihre Frau in die Kosten treiben wollen, dann sollten wir dem Antrag entgegentreten«, sagt Dr. Reiter, »Fremdgehen ist kein Scheidungsgrund.«

»Es ist mir zwar peinlich«, erwidere ich, »weil es tatsächlich eine Affäre gab, allerdings erst nachdem Ute von Scheidung gesprochen hat; aber Sie sollten dem Antrag in der Sache nicht entgegentreten. Auch ich will geschieden werden und meines Wissens gehen Inzesttäter nicht fremd, vielmehr resultiert der Inzest unter anderem aus ihrer Unsicherheit im Umgang mit erwachsenen Frauen.«

Nachricht vom Gericht: Gutachter ist Professor Lempp. Ich rufe Dr. Schrem an:
»Wissen Sie, wer das ist?«
»Lempp ist der Vorgänger von Klosinski, die graue Eminenz der Zunft«, ist seine Antwort.

Kurz danach setze ich mich ins Auto und fahre nach Tübingen. Wenn Lempp so lange dort war und so berühmt ist, dann gibt es sicher auch Literatur von ihm. Irgendwie ist mir nicht wohl, da der Mann schon weit über sechzig ist. In dieser Generation denkt man doch sicherlich, daß Kinder zur Mutter gehören. Bis tief in die Nacht lese ich sein Buch [1]. Ganz sicher bin ich mir seiner Haltung nicht; doch ich meine eine deutliche Tendenz zugunsten der Mutter zu erkennen. Bei allen anderslautenden Passagen habe ich den Eindruck, daß es sich eher um Lippenbekenntnisse handelt. Oder liegt das an meiner Wahrnehmung?

Anschließend nehme ich mir noch ein Buch über Psychiatrie [2] zur Brust. Darin erfahre ich Näheres über Border-Line und Schizophrenie. Ich weiß nicht, warum ich nicht eher darauf gekommen bin. Bislang habe ich Utes Verlust an Antriebsenergie nicht als Ausdruck einer psychischen Erkrankung gesehen. Jetzt lese ich, daß der Verlust von Vitalität und Dynamik, einhergehend mit Realitätsverlust, zum Krankheitsbild schizophrener Erkrankungen gehört. Sollte Ute möglicherweise so krank sein?

Einen Tag später lese ich ein weiteres Buch von Lempp [3]. Wenn Ute tatsächlich krank ist, würde ich das Sorgerecht für die Kinder bekommen, denn er schreibt, daß das Vorliegen einer solchen Psychose deswegen eine Beeinträchtigung der Erziehungsfähigkeit bedeuten, weil das Kind mit einem Elternteil aufwächst, dessen Realitätsbezug mehr oder weniger ausgeprägte Störungen zeigt, an denen das Kind unvermeidlich teilhat, und die für den Realitätsbezug des Kindes bedeutsam werden können. Er schreibt, daß das Zusammenleben mit einem solchen Elternteil für das Kind eine Schädigung, zumindest aber ein hohes Risiko bedeutet.

Unmittelbar nach Utes Urlaub fahre ich zum Haus. Ich will Maria ihr Geburtstagsgeschenk bringen. Die Kinder sehen mich am Treppenfenster und winken. Ich winke zurück und nehme das Geschenk aus dem Auto. Als ich auf das Haus zugehe, rennen die Kinder los, um mir die Tür aufzumachen.

Einen Augenblick später sehe ich sie die Treppe hinauflaufen, offenbar von Ute fortgeschickt. Ute spricht mit mir durch die Tür. Sie fordert mich auf, das Geschenk vor die Tür zu stellen, zu verschwinden und behauptet, der Richter habe den Kontakt verboten, und will keine Diskussion. Ich erinnere sie daran, daß ihr der Richter untersagt hat zu behaupten, ich hätte Anna sexuell mißbraucht, und spreche sie auf das Interview an.

»Ich habe keinen Namen genannt und du hast mich halt zufällig an der Stimme erkannt – na und?« ist ihre Reaktion.

Dann geht sie, macht die Zwischentür zu und reagiert nicht auf mein Klingeln.

Marias Geschenk habe ich nicht vor der Türe stehen lassen. Ich will es ihr über den Kindergarten zukommen lassen, damit sie es auch wirklich bekommt und erfährt, daß es von mir ist.

Frau Schüle ist unsicher, doch sie läßt sich überreden. Am gleichen Tag habe ich Post vom SDR. Der Sender lehnt es, unter Berufung auf die Pressefreiheit, ab, dem Familiengericht das Interview zu schicken.

April 1992 – Eine Projektion?

Eine Woche später rufe ich Ute an, weil Ivons Geburtstag vor der Tür steht. Auch mit Ivon läßt sie mich nicht sprechen. Es entwickelt sich folgender Dialog:

ICH: »Was wünscht sich Ivon zum Geburtstag?«

UTE: »Denk' dir was aus. Ich habe eigentlich keine Lust darüber nachzudenken. Wenn es über den Kindergarten kommt, wird es sie nicht erreichen.«

ICH: »Wieso nicht?«

UTE: »Du kannst es mit der Post schicken, oder du kannst abends nach 20 Uhr vor die Tür stellen.«

ICH: »Ich habe kein Vertrauen, daß du es ihr gibst, und daß sie erfährt, von wem es kommt.«

UTE: »Wenn du das Vertrauen nicht hast, dann ist das absolut dein Problem. Die beiden Möglichkeiten hast du, jetzt überleg' dir was du machst!«

ICH: »Also, ich möchte wissen, was Ivon sich zum Geburtstag wünscht.«

UTE: »Das ist ganz schwierig – nichts Spezielles. Schön wären Sachen für das Puppenhaus.« [ironischer Unterton] »Am schönsten wäre ein Badezimmer, da spielt sie nämlich sehr viel mit.«

ICH: »Mhm – Was gibt es für Alternativen?«

UTE: »Schwirig, weil ich vieles schon an andere Leute weitergegeben habe. Nicht daß es sich überschneidet, denn Maria hat zwei Laufpuppen bekommen.«

ICH: »Was hat Maria zu meiner Puppe gesagt?«

UTE: »Die kriegt sie erst heute.«

ICH: »Wieso erst heute?«

UTE: »Weil sie die heute erst bekommt!«

ICH: »Das verstehe ich nicht.«

UTE: »Das mußt du auch nicht verstehen. Wir waren bei Ivon.«

ICH: »Nein! ich möchte verstehen, warum Maria heute erst ihr Geburtstagsgeschenk bekommt.«

UTE: »Das mußt du nicht verstehen. Das mußt du gar nicht verstehen.« [schnippisch] »Kein Kommentar, Punkt, aus.«

ICH: »Ich möchte gerne erfahren, warum Maria ihr Geburtstagsgeschenk erst heute bekommt.«

UTE: »Du, das war dein Problem. Du hast es, als du hier warst, nicht vor die Tür gestellt. – Ist deine Sache. Kein Kommentar!«

ICH: »Wünscht sich Ivon vielleicht auch eine Puppe?«

UTE: »Nö – und finde ich auch nicht ganz angebracht.«

ICH: »Was findest du nicht angebracht?«

UTE: »Daß du Ivon eine Puppe schenkst!«

ICH: »Warum findest du das nicht...«

UTE: »Solltest du mal drüber nachdenken!«

ICH: »Ja, nun sag' mir, warum du das nicht angebracht findest!«

UTE: »Du weißt es selbst genau. Du weißt was mit Ivon ist. Und du weißt, was mit Ivon gewesen ist – mit Ivon und dir – da denk' 'mal drüber nach, ob es sinnvoll wäre, dem Kind eine Puppe zu schenken.«

ICH: »Was ist mit Ivon gewesen?«

UTE: [energisch] »Kein Kommentar weiter – du weißt es genau. Punkt, aus!«

Einige Tage später treffe ich Dr. Schrem und erzähle, daß Ute offenbar davon überzeugt ist, daß ich auch Ivon sexuell mißbraucht habe; anders sind ihre Bemerkungen von ›Badezimmer‹ und ›Puppe‹ nicht zu interpretieren. Er rät mir, mich einmal mit dem Thema Mißbrauch zu beschäftigen, und empfiehlt mir, zu diesem Zweck ein Buch über Inzest und die Psychodynamik des sexuellen Mißbrauchs in der Familie.

Ich besorge mir das Buch [4] und lese. Bald zieht es mich in seinen Bann. In mir wächst der Verdacht, daß Ute möglicherweise als Kind sexuell mißbraucht worden ist. Das Buch liest sich in weiten Bereichen wie eine Familienchronik der Familie meiner Frau. Die dort zitierten Inzestopfer zeigen in ihren Ängsten, Äußerungen und Gefühlen erstaunliche Parallelen zu dem, was ich von Ute weiß. Ganze Abschnitte aus den Zitaten könnten wörtlich von ihr sein. Die Beschreibungen des Verhaltens passen zu gut, um einfach Zufall zu sein. Auch ist beschrieben, in welch fataler Weise das inzestuöse Verhalten des Vaters und das ignorierende Verhalten der Mutter auf die Psyche des Opfers wirken.

Zwangsläufig entwickeln die Opfer Mechanismen – oder besser: Überlebensstrategien –, die ihnen im späteren Erwachsenenleben im Weg stehen. Sie werden mehr oder weniger auffällig. Als typische Symptome werden lebenslange Angst, Unfähigkeit zu Bindung und Vertrauen, Männerhaß und sexuelle Probleme genannt. Viele von ihnen kommen mit der Psychiatrie in Kontakt, einige entwickeln sich zu Borderline-Persönlichkeiten oder sind schlimmstenfalls schizophren. Das Buch wäre nicht nur eine plausible Erklärung für Utes Behauptung, sondern auch für die von Christoph vermutete Krankheit!

Eine Weile behalte ich meine Vermutung noch für mich. Ich versuche, mich an Gespräche und Situationen zu erinnern, die diesen Verdacht bestätigen oder entkräften. Ich bin mir der Gefahr bewußt, daß man allzuleicht etwas liest und sich sagt: Genauso ist es! Jeder Medizinstudent meint, an sich tausend Krankheiten festzustellen, wenn er von ihnen liest. Was ich finde, sind immer mehr Hinweise darauf, daß Ute wirklich Inzestopfer sein könnte. Professor Klosinski fällt mir wieder ein. Ich nehme mein Tagebuch, um nachzuschlagen, was ich damals notiert habe. Er hat mich bei unserer ersten Begegnung nach sexuellen Problemen in unserer Ehe gefragt und er sprach davon, daß es sich bei solchen Behauptungen der Mütter häufig um Projektionen handelt. Jetzt weiß ich, was er damit gemeint haben könnte.

Über meinen Anwalt erfahre ich die Antwort auf die Fragen, die das Gericht an KOBRA hatte. Zu der Frage nach der Ausbildung der Therapeutin wird nicht Stellung genommen. Einem handgeschriebenen Brief ist zu entnehmen, daß sie Diplompsychologin ist. Es wird weder zur Behandlung noch zum Ergebnis Stellung genommen. Alles, was sie sagt, ist, daß sie mit Anna keine Absprache treffen konnte und nicht eigenmächtig etwas sagen kann, weil dies das Vertrauensverhältnis gefährden würde. Dazu schickt sie ein siebzig Seiten starkes Dokument: ›Ein Bericht aus der Praxis‹.

Ich lese es mit Interesse, da ich hoffe, endlich etwas über KOBRA zu erfahren. Die Passage über das Behandlungskonzept macht mich betroffen. Dort ist gesagt, daß es bei KOBRA anatomische Puppen gibt (männliche: mit Penis, After und offenem Mund – weibliche: mit Brust, Scheide, After und offenem Mund). In der Beratungspraxis lassen die Therapeuten die Kinder die Puppen auskleiden, schauen sich diese gemeinsam mit den Kindern an und fragen nach den Begriffen für die Geschlechtsteile. Ferner ist gesagt, daß zunächst das Unaussprechliche, der Mißbrauch, von der Therapeutin benannt wird, wodurch er für das Kind ›eine wahrnehmbare Realität erhält‹. Weiter wird sexueller Mißbrauch definiert als die Beteiligung von Kindern und Jugendlichen an sexuellen Handlungen, die sie aufgrund ihres Entwicklungsstandes nicht verstehen, und zu dem sie daher kein Einverständnis geben können. Sexueller Mißbrauch ist nach Auffassung von KOBRA und von Frau Ismatis der Mißbrauch von Macht und eine Ausnutzung der Vertrauensbeziehung.

Nach diesen Maßstäben wird Anna doch bei KOBRA sexuell mißbraucht, wenn sie dort gegen ihren Willen mit dem Thema Sexualität konfrontiert wird! Im Bericht wird deutlich gesagt, daß es keine eindeutigen Signale gibt, die den Mißbrauch eines Kindes anzeigen; die Symptomatik sei schwierig. Dessen eingedenk ist es unverantwortlich, daß Frau Ismatis sich bereits nach einem Kontakt mit den Kindern im Dezember vergangenen Jahres gegenüber Ute dahingehend geäußert haben soll, daß Anna eindeutige Mißbrauchssymptome zeigt. Ich bin wütend. Alle meine Zweifel und Bedenken gegen KOBRA sehe ich bestätigt. Was kann man, was kann ich dagegen tun? Wie kann ich meine Frau hindern, die Kinder dort hinzuschicken? Allein die Tatsache, daß KOBRA offenbar nicht in der Lage oder nicht Willens scheint, auf die Fragen des Gerichts einzugehen, disqualifiziert sie in meinen Augen gänzlich.

Ich bespreche mich mit Dr. Reiter. Wieder einmal, und mit großem Nachdruck, diskutiere ich die Möglichkeit der Strafanzeige wegen Verleumdung. Dr. Reiter bleibt hart:
»Es macht keinen Sinn. Es hilft uns nichts!« ist seine definitive Antwort. »Der Staatsanwalt sieht, daß im begleitenden Sorgerechtsverfahren die Schuldfähigkeit der Angeklagten in Frage gestellt ist. Damit läßt er das Verfahren ruhen, bis daß das Ergebnis des Gutachtens vorliegt.«
Ich habe keinen Grund, an seiner Einschätzung zu zweifeln.

Dann endlich zeigt der Kalender den Tag, den ich so sehnsüchtig erwarte; ich bin zu Professor Lempp einbestellt. Mir öffnet ein freundlicher alter Mann die Tür. Ich kenne ihn bereits von einem Foto auf der Innenseite des Schutzumschlags eines seiner Bücher. Zunächst hat er eine Reihe von Fragen, wie: Wann wir uns kennen gelernt haben, wann die Kinder geboren wurden usw. Dann bittet er mich, einen Test mit mir machen zu dürfen. Schließlich fragt er, wieso ich glaube, daß Ute den Kindern schade, und wie denn der Umgang mit der Mutter aussehen würde, falls ich das Sorgerecht bekäme. Er läßt mich nicht ausreden. Zu Utes Vorwurf fragt er lediglich, ob es möglicherweise Situationen gegeben hat, die von ihr falsch interpretiert worden sein könnten. Ich habe nicht den Eindruck, daß er mich für einen Mißbrauchstäter hält.
Leider kommt überhaupt kein Gespräch zustande. Er fragt präzise und unterbricht mich, wenn ich nicht recht kurz antworte. Zum Abschluß bitte ich ihn um ein weiteres Gespräch, das stattfinden soll, wenn er Ute und die Kinder gesehen hat. Er meint, daß aufgrund seiner Position dieses Gespräch nur eines zu dritt sein sollte.

Drei Tage später bin ich bei Freunden, deren Tochter lange unsere Babysitterin war. Wir unterhalten uns bis spät in die Nacht über die ganze Situation. Marita, unsere Babysitterin erzählt, wie sie erlebt hat, daß Ute die Kinder aufklärte. Sie erinnert sich recht gut an die Zeit:

»Ute kam eines Tages mit einem Aufklärungsbuch.«

»Das war«, ergänze ich, »nachdem sie einen Vortrag darüber gehört hatte.«

»Ja, davon hat sie mir auch erzählt«, fährt Marita fort. »Das Buch hat sie den Kindern kommentarlos an die Hand gegeben, und es hat Anna und Maria eine ganze Weile beschäftigt. Sie haben es auch mir gezeigt. Schließlich hatten sie auch immer wieder Fragen dazu. Damit sind sie zu Ute gegangen. Sie hat die Fragen immer ganz knapp und nach meinem Empfinden überhaupt nicht kindgerecht beantwortet. Sie hat sich auch keine Zeit dafür genommen, das ging so zwischendurch beim Kochen. Damals hat mich das sehr irritiert, aber ich habe nicht den Mut gehabt, sie darauf anzusprechen. Letztendlich war es aber der Auslöser dafür, daß ich schließlich nicht mehr gern zu euch gekommen bin. Mit der Zeit gab es immer mehr Ereignisse, die meiner Vorstellung von Erziehung total entgegenliefen. In den Diskussionen mit Ute hat sie immer extremere Positionen bezogen, bis daß ich einfach nicht mehr wollte. Als ich euch damals sagte, daß ich weniger Zeit habe, da war das nur ein Vorwand, wie du vielleicht auch gemerkt hast.«

»Mhm«, sage ich und nicke.

Sie erzählt weiter: »Um Weihnachten herum war ich das letzte Mal zu Besuch bei Ute. Das hab' ich ja hin und wieder sehr gern getan; da warst du gerade drei Wochen ausgezogen und ihre Eltern waren zu Gast. Da habe ich erlebt, daß Ute Anna offenbar überhaupt keine Grenzen mehr setzt, und die ganze Atmosphäre mir gegenüber war so kühl. Seither habe ich nicht mehr das Bedürfnis gehabt, bei Ute vorbeizuschauen. Um die Kinder tut es mir leid, da ich sie sehr gern habe und sie mich auch mögen, glaube ich.

Mai 1992 – Gutachterliche Stellungnahme

Eine Woche später ruft mich Lempp an und lädt mich zu dem von mir gewünschten Abschlußgespräch ein. Er sagt, daß Ute nicht dabei sein wird – sie habe kein Interesse daran. Ich frage mich, wieso er nun doch bereit ist, mich allein zu treffen. Steht ein Betreuungswechsel bevor? Ist Lempp zu dem Ergebnis gekommen, daß die Kinder nicht bei Ute bleiben können, und will er das nun mit mir besprechen?

Lempp eröffnet mir, daß Anna und Maria lieber bei der Mutter sein wollen. Ivon sei noch zu klein, um sich dazu zu äußern. Maria habe ihm erzählt, daß sie mich gerne wieder sehen will, Anna sei unschlüssig. Schließlich habe sie gesagt, daß sie mich im Beisein von Frau Ismatis treffen wolle. Er habe Ute aufgefordert, Marias Wunsch zu folgen. Ute wolle für mich unbedingt ein betreutes Besuchsrecht. Das halte er nicht für notwendig, aber ich solle es tolerieren.

Im übrigen sei meine Frau nicht krank. Sie habe sich sicherlich verändert in dem Sinne, daß sie selbständiger geworden sei und sich emanzipiert habe. Anna sei ein wenig durcheinander; offenbar habe das etwas mit mir zu tun. Es sei aber auch möglich, daß sie sich schuldig an der Trennung fühlt. Und dann kommt das absolut Unfaßbare. Er meint, ich solle mich doch wieder um einen Kontakt zu meinen Kindern bemühen. Meinem Einwand, daß Ute das nicht zuließe, begegnet er gelassen. Er fordert mich auf, Ute zu schreiben, daß ich Maria sehen will.

»Dann muß sie reagieren. Wenn sie es nicht tut, ist das bei Gericht doch ein Pluspunkt für Sie«, erklärt er. Schließlich sagt er, ich solle mit dem Besuchsrecht doch erst einmal mit Maria anfangen. Maria würde sicherlich auch Anna und Ivon erzählen, wie es mit mir sei, und letztlich würden mich dann vermutlich alle Kinder wieder sehen wollen. Ich weise ihn noch einmal darauf hin, daß Ute mich verunglimpfe, daß Anna infolgedessen auffällig geworden sei und er nun diese Situation fortschreiben werde. Er erwidert, daß Ute mich keineswegs verunglimpfe. Das habe sie ihm gesagt. Im übrigen habe sie von mir ein sehr viel positiveres Bild als ich von ihr. Ich wende ein, daß Annas Wunsch, mich im Beisein der Therapeutin zu treffen, doch nicht von ihr selbst kommen könne.

»Das ist Anna doch eingeimpft worden«, sage ich.

Seine lapidare Antwort: »Erziehung ist Beeinflussung.«

Ich bitte ihn, augenblicklich von seinem Telefon aus mit Ute sprechen zu dürfen, um das Besuchsrecht zu klären. Ich möchte, daß er erlebt, wie sie reagiert. Nein – das lehnt er ab. Ich solle ihr schreiben. Noch einmal weise ich darauf hin, daß sie ihm nicht die Wahrheit gesagt habe. Er erwidert, daß er ihr glaubt, und sagt:

»Sie sollten diese Auseinandersetzung nicht zu einer Alles-oder-Nichts Frage machen!«

Ich sage ihm, daß ich glaube, die Kinder niemals wiederzusehen, wenn sie bei Ute blieben. Daraufhin gibt er mir zu verstehen, daß es schließlich so etwas wie ein Umgangsrecht gebe.

»Ja«, sage ich, »nur muß man das Umgangsrecht auch durchsetzen können, und daran scheitert es in der Regel. Das wird in meinem Fall nicht anders sein.«

Gegen zehn Uhr ruft mich Christoph in der Firma an und erzählt, daß er mit einem Psychiater gesprochen habe. Dieser habe ihm erklärt, daß seinen Schilderungen zufolge der Verdacht auf Schizophrenie naheliege. Ferner hat der Psychiater das Wort ›Borderline‹ belächelt und gesagt, daß man von ›Borderline‹ immer nur spreche, wenn man sich ›Schizophrenie‹ nicht zu sagen traut. Nach Christophs Schilderung meinte er, es handele sich auf jeden Fall um eine wahnhafte Psychose. So etwas sei allerdings nur in einer echten Untersuchung, sicher aber nicht in einem einstündigen Gespräch festzustellen, und ein Kinder- und Jugendpsychiater sei auch nicht der geeignete Mann. Ferner bestätigte er, daß die Kinder sofort von der Mutter fort müßten, wenn diese Diagnose zuträfe. Was soll ich jetzt machen? In der Nacht darauf schlafe ich wieder nicht. Meine Gedanken drehen sich im Kreis. Meine

Magenbeschwerden werden schlimmer. Ich kaue eine Tablette nach der anderen und wälze mich auf dem Bett hin und her.

Mein Gehirn kommt überhaupt nicht mehr zur Ruhe. Tag und Nacht sinne ich darüber nach, wer mir jetzt noch helfen könnte. Ich ziehe in Erwägung, die Presse einzuschalten. Dann verwerfe ich die Idee wieder, da der Richter sicherlich keine Freude daran hätte. Ich beginne zu verzweifeln und mich zu fragen, ob ich verrückt bin, ob ich nicht vielleicht Anna mißbraucht habe und es nur nicht mehr weiß.

Es ist unglaublich, welche Kapriolen unser Gehirn schlagen kann. Ich bin sicher, daß es möglich ist, einen Menschen in den Wahnsinn zu treiben; wenn nur genug Leute in seiner Umwelt die gleiche Falschbehauptung aufstellen und sich entsprechend verhalten. Meine Freunde helfen mir in dieser Situation ungemein. Ich spreche viel mit ihnen. Beate und Christoph helfen mir, mein Selbstvertrauen wieder zu erlangen, indem sie mich als Babysitter für ihre beiden Töchter engagieren.

Im Augenblick halte ich es für möglich, daß es Ute mit ihrem Vorwurf gelingen könnte, mich ins Gefängnis oder in die Psychiatrie zu bringen. Sie hat die Beweismittel für meine Unschuld in ihrer Hand, und niemand ist bereit, daran etwas zu ändern. Sie kann behaupten, Anna habe Angst vor mir, und keiner zweifelt es an. Wenn es ihr gelingt, die Untersuchung der Kinder noch ein paar Monate hinauszuzögern, wer soll dann noch sagen, was wahr ist und was nicht? Ich schreibe ihr einen Brief, wie Lempp es mir geraten hat, und schickte ihn per Einschreiben mit Rückschein.

Erwartungsgemäß erhalte ich keine Antwort. Am darauffolgenden Samstag fahre ich nach Ebingen, weil ich dringend meine Sommergarderobe brauche. Bevor ich zum Haus fahre, bitte ich meinen Freund Ronald mitzukommen, da ich Ute nie wieder unter vier Augen begegnen möchte. Ich will mich vor weiteren Verleumdungen schützen. Wir klingeln. Ute kommt aus dem Garten und wir stehen in der Garageneinfahrt. Ich erkläre ihr mein Anliegen und schlage vor, daß sie die Sachen in die Garage stellt, wo ich sie später abholen werde. Sie droht mir mit der Polizei. Dann sagt sie:

»Wenn du etwas von mir willst, dann rufe mich gefälligst an. Du hast hier nichts verloren!«

In dem Moment kommt Maria um die Ecke. Ich will auf sie zugehen und sie begrüßen. Ute stellt sich zwischen uns und wird laut:

»Wenn du nicht in zwei Sekunden verschwindest, rufe ich die Polizei.« Dann behauptet sie: »Der Richter hat gesagt, du darfst die Kinder nicht sehen, daran hast du dich zu halten.«

Ronald packt mich fest am Arm und schiebt mich ins Auto.

In den Folgetagen schreibe ich ihr noch zwei weitere Briefe. Sie reagiert nicht.

Das Jugendamt informiert mich über einen Wechsel der Zuständigkeiten, und Frau Voß, die neue Ansprechpartnerin, lädt mich zu einem Gespräch ein. Ich möchte erreichen, daß Frau Voß sich mit Freunden, Nachbarn und Bekannten unterhält, um sich ein Bild zu machen, und ich möchte verhindern, daß sie in das gleiche Denkschema wie Frau Danskin verfällt. So überlege ich, ob es sinnvoll ist, ihr von dem Gedanken der Projektion zu erzählen. Ich beschließe, ihr alle meine Gedanken mitzuteilen.

Das Gespräch dauert etwa zwei Stunden. Ich bemühe mich, den mittlerweile recht umfangreichen und äußerst komplexen Sachverhalt möglichst einfach darzustellen und erzähle ihr, daß Ute möglicherweise selbst Inzestopfer ist. Schließlich sagt sie mir, daß die Dinge für sie in einem ganz neuen Licht erscheinen – die Unterlagen hätten zunächst anders auf sie gewirkt:

»Nachdem ich zunächst die Prozeßakte gelesen hatte und ihre Frau zu Hause mit den Kindern erlebt habe, habe ich gedacht, das ist ja nun wirklich der Gipfel der Unverschämtheit, daß dieser Mann jetzt auch noch behauptet, seine Frau sei nicht normal.«

Nun versuche ich konstruktiv weiter zu denken.

»Es hat doch keinen Zweck«, sage ich, »wenn das Jugendamt in seinen Schriftsätzen nur einfach die sich widersprechenden Aussagen des Vaters und der Mutter zitiert. Ich würde mir wünschen, daß Sie sich einmal in unserem Freundes- und Bekanntenkreis oder bei den Nachbarn informieren, wie diese uns in der Vergangenheit im Umgang mit den Kindern erlebt haben.

»Das gehört nicht zu unseren Aufgaben!« entgegnet sie rigoros.

»Wer sonst soll den Widerspruch klären?« gebe ich ihr zu bedenken, »der Richter sitzt an seinem Schreibtisch, von dort aus kann er es nicht.«

Zum Schluß bitte ich sie, einen gemeinsamen Termin mit Christoph – Dr. Weinhardt – und mir bei Professor Klosinski in Tübingen wahrzunehmen. Das lehnt sie ab.

Am darauffolgenden Montag bin ich mit Christoph bei Klosinski. Er schildert ihm seine Beobachtungen und wiederholt seine Einschätzung. Sie unterhalten sich eine Weile über paranoiden Wahn und ähnliche Dinge, von denen ich keine Ahnung habe. Klosinski rät mir, ein weiteres Gutachten zu fordern, und er bringt sein Bedauern darüber zum Ausdruck, daß er mich seinerzeit vor unserem ersten Gespräch nicht rausgeschmissen habe, wodurch seine Befangenheit zustande kam. Das Thema ›Sexueller Mißbrauch‹ bezeichnet er als ›undankbar‹. Er erlebe im Augenblick, daß es leider zusehends um sich greift. Man könne sagen, daß es so eine Art Geheimtip geworden sei, etwas, das im Scheidungsfall den Mandantinnen sozusagen von den Anwälten in den Mund gelegt wird. Wörtlich sagt er:

»Der Anwalt kann ja ganz harmlos einen Fall aus der Praxis eines Kollegen beschreiben, in dem es um den Verdacht des sexuellen Mißbrauchs ging. Er erzählt dann, welch überragende Position sich für die Mandantin daraus ergab und endet schließlich mit dem Satz: ›Aber das ist ja in Ihrem Fall nicht gegeben, oder doch?‹ Dieser Mißbrauchsvorwurf führt unweigerlich dazu, daß der Vater zunächst einmal vom Kind getrennt wird. Sechs oder acht Monate später ergibt ein Gutachten, daß der Verdacht nicht erhärtet werden kann, aber es bestätigt, daß der Vater dem Kind entfremdet ist. Damit hat die Mutter das Sorgerecht sicher.

Schlimm ist die Einbindung von KOBRA!« sagt er und erzählt, daß er nach langem Hin und Her einmal alle Mitarbeiterinnen und Mitarbeiter von KOBRA eingeladen hat und in der Diskussion mehrfach darauf hingewiesen hat, daß man nicht in jedem Fall von sexuellem Mißbrauch ausgehen sollte; aber die Diskussion sei an diesem Punkt vollkommen auseinandergelaufen. Dann verrät er auch den Anlaß des Disputs. Das Zusammentreffen war nach einer gerichtlichen Auseinandersetzung zustande gekommen. In einem Strafverfahren hatte KOBRA vor Gericht behauptet, der Vater habe seine Tochter sexuell mißbraucht. Das konnte durch ein Gutachten der Kinder- und Jugendpsychiatrie der Uni Tübingen definitiv ausgeschlossen werden.

Kurz nach diesem Besuch trifft Lempps Gutachten ein. Er beschreibt Ute als ruhig und klar und keineswegs ohne Selbstkritik. Die Tests zeigten gute Intelligenz, Sensibilität, möglicherweise einer künstlerischen Tendenz und einen eher labilen Realitätsbezug. Er findet keinen Hinweis auf eine Psychose oder Wahnkrankheit. Er beschreibt Anna als sehr ängstlich und bedrückt, Maria als depressiv, Ivon hält er für leicht retardiert und bescheinigt ihr partiell mutistische Züge – das bedeutet, daß sie zum Teil das Sprechen verweigert. Anna sei auf die Mutter und Maria eindeutig auf den Vater fixiert, Ivons Bindungsneigung bleibt offen, da sie für die Tests zu jung ist. Zur Frage des sexuellen Mißbrauchs könne er nichts sagen. Es sei lediglich festzustellen, daß Anna zum Zeitpunkt der Untersuchung ein zwiespältiges Verhältnis zum Vater habe. Ein solches Verhalten könne bei einem Kind wie Anna aber auch daraus resultieren, daß Schuldgefühle gegenüber dem Vater aus anderen Gründen resultieren. Es erscheine sogar wahrscheinlich, daß sie sich schuld am Zerwürfnis der Eltern fühle.

Mir bescheinigt er gute Intelligenz, eine erhöhte Innenempfindlichkeit, eine unsichere Rollenfixierung und eine depressive Stimmungslage. Zusammenfassend sagt er, daß beide Eltern nicht psychisch krank und auch beide zur Erziehung fähig seien. Aus seiner Sicht spricht nichts dagegen, die Situation zu belassen, wie sie ist. Die Behandlung Annas bei KOBRA sei im Hinblick auf die offensichtliche psychische Störung und Verängstigung des Kindes angezeigt und hilfreich. Es bestünden keine Hinweise, daß diese nicht sachgerecht durchgeführt würde. Abschließend wird dringend empfohlen, Maria und gegebenenfalls auch den anderen Kindern sobald als möglich Gelegenheit zur Kontaktaufnahme mit mir zu geben.

Sowohl Dr. Reiter als auch Dr. Schrem sehen den Fall für mich verloren. Dr. Schrem meint, ich könne zwar gegen das Gutachten angehen – ein formaler Anhaltspunkt sei, daß Professor Lempp mir im Thematischen Apperzeptionstest nur zehn der zwanzig Bilder vorgelegt hat –, aber er sagte mir auch, daß sich kein Gutachter gegen eine Kapazität wie Lempp stellen würde, selbst wenn er anderer Meinung sein sollte.

Dr. Reiter verweist noch einmal auf die zweite Instanz. Ich mache ihm deutlich, warum ich nicht in die zweite Instanz gehen werde:
»Ein solcher Schritt würde bis zur Entscheidung bestimmt ein weiteres Jahr ins Land gehen lassen. Ich fühle mich nicht in der Lage, die nervliche Belastung ein weiteres Jahr zu ertragen. Ich muß auch an meine Gesundheit denken. Zudem werden die Kinder weiter Schaden nehmen. Ich habe Angst davor, am Ende als Alleinerziehender mit drei neurotischen Kindern dazustehen.«

Es ist Feiertag – Himmelfahrt. Ich will den Tag nutzen, um meine Stellungnahme zum Gutachten zu formulieren. Auf einem langen Spaziergang versuche ich in einem fiktiven Gespräch mit meinem Freund Dirk meine Gedanken zu entwickeln.

Zunächst stelle ich fest, daß Prof. Lempp die Auffälligkeiten der Kinder alle bestätigt.
»Ja«, lasse ich Dirk einwenden, »aber er kommt zu einem anderen Ergebnis als du!«
»Weil er von einer anderen und falschen Voraussetzung ausgeht«, erwidere ich. »Lempp geht davon aus, daß Ute die Auffälligkeiten wahrgenommen und sodann Hilfe gesucht hat, wobei ihr schließlich der Mißbrauchsverdacht gekommen sei.«
»Und wie ist es deiner Meinung nach gelaufen?« fragt Dirk.
»Anhand der Aussagen meiner Freunde würde ich es etwa so rekonstuieren. Unmittelbar nach unserer Trennungsvereinbarung hat Ute zum ersten Mal von sexuellem Mißbrauch gesprochen. Daraufhin hat sie mich ausgesperrt. Im Beisein der Kinder hat sie mich als Verbrecher bezeichnet, und die Kinder mußten Utes Angst erleben. Stell' dir einmal die Verwirrung in einem Kind vor, das erlebt, daß die Mutter plötzlich den Vater von der Polizei holen lassen will, und das gesagt bekommt, daß der Vater an ihm ein Verbrechen begangen hat. Anna muß vollkommen verwirrt gewesen sein. Schließlich bekommt sie auch noch mit, daß die Mutter mit ihr zu einer Frauenärztin will, wo man den Beweis für das Unrecht finden wird. In dieser Situation bekommt Anna Angst. Sie hat keine Ahnung, was man an ihr suchen wird, aber sie wehrt sich dagegen, die Verantwortung für die Trennung der Familie zu übernehmen.

Dadurch, daß Ute mich vor unseren Kindern schlecht macht, löst sie auch einen weiteren Konflikt aus: Ein Kind versteht sich als zu beiden Elternteilen gehörig. Wenn ein Elternteil verunglimpft wird, müssen die Kinder einen Teil ihrer selbst ablehnen oder hassen, und sie können in der Trennungssituation keine aktive Trauerarbeit leisten, da man einem vermeintlichen Verbrecher nicht nachweinen darf.

Durch die Einbeziehung von KOBRA gewinnt dieser Prozeß weiter an Dynamik. Anna erfährt, daß ihre Mutter Unterstützung bekommt, also muß ich ein Verbrecher sein, auch wenn das im Widerspruch zu Annas eigener Erfahrung steht.«

Dirk sagt: »Das hat dir der Gutachter nicht geglaubt, und auch ich kann mir irgendwie nicht vorstellen, daß eine Mutter vorsätzlich so etwas tut.«

»Richtig«, sage ich, »darüber stolpere auch ich immer. Wie kann jemand die Nerven haben, alle Menschen in seinem Umfeld so dreist zu belügen?‹

»Andererseits« meint Dirk, »ist eine solche Lüge nicht schwierig, da der Vorwurf des sexuellen Mißbrauchs derart ungeheuerlich ist, daß sich niemand vorstellen kann, er könne vielleicht nicht wahr sein. Aber wieso tut Ute das?«

Ich denke eine Weile nach, dann fahre ich fort: »Ich denke, es gibt drei Möglichkeiten:

Zum ersten, daß sie wissentlich falsch aussagt, um mir zu schaden. Dagegen spricht, daß sie unsere Kinder mit hineinzieht. Außerdem habe ich den Eindruck, und das bestätigen auch alle meine Freunde, daß Ute vollkommen von ihrer Behauptung überzeugt ist.

Die zweite Erklärung kommt von Dr. Schrem. Er meint, es handelt sich um eine narzißtische Wut infolge der schweren Kränkung, die mein Fortgehen von ihr bedeutet. Dafür spricht, daß sie ihre Behauptung einen Tag nach der Trennung aufgestellt hat. Das würde auch erklären, warum sie nicht vor einer Behauptung zurückschreckt, die ihr selbst Schaden zufügen könnte. Aber wieso gerade der Vorwurf des sexuellen Mißbrauchs?

Und meine dritte Erklärung ist: Ute hat Angst. Diese Angst projiziert sie vor allem auf mich, macht mich zu ihrer Ursache, und ihr ganzes Handeln hat nur ein Ziel: mich aus ihrem Leben und aus dem Leben unserer Kinder verbannen.

Sie läßt mich die Kinder nicht treffen, nicht am Telefon sprechen und nicht einmal am Fenster sehen. Sie bricht den Kontakt zu allen Freunden ab, von denen sie weiß oder annimmt, daß sie noch Kontakt mit mir haben. Gemeinsamen Gesprächen geht sie, wo immer es möglich ist, aus dem Weg. Die Angst ist so stark, daß sie diese Bedrohung sogar im Beisein von dritten Personen empfindet. Das kann man durchaus als paranoiden Wahn bezeichnen. Sie hat Angst vor mir, vor ihren Schwiegereltern und vor Einbrechern; davor, daß ich mit den Kindern auf die Seychellen fliehen könnte und vieles mehr. Es ist auch bezeichnend für Personen mit paranoidem Wahn, daß sie alle Menschen ablehnen, die ihren Wahn nicht unterstützen.‹

»Das mag sein«, wendet Dirk ein, »aber es erklärt immer noch nicht, wieso sie von sexuellem Mißbrauch spricht. Hast du dafür eine Erklärung?«

»Ich glaube ja«, fahre ich fort. »Ich denke, daß sie selbst sexuell mißbraucht worden ist und das nun auf die Kinder überträgt.«

»Wie kommst du darauf?« will Dirk wissen.

»Ich habe mich daran erinnert, daß Ute das erste Mal von Scheidung gesprochen hat, als sie von einem Vortrag über Sexualerziehung kam. Dieser Zusammenhang einerseits von Haß gegen mich – bis hin zum Trennungswunsch –, und Sexualität, beziehungsweise der von ›Kinder‹ und ›Sexualität‹, ist sicher kein Zufall. Wenn Ute psychische Probleme hat, dann liegen die Gründe dafür vermutlich in ihrer eigenen Kindheit. Ich habe jede Menge Parallelen zu dem gefunden, was ich aus der Literatur über Inzestopfer und deren Familiendynamik weiß.«

»Zum Beispiel?« fragt Dirk.

»Da ist zum einen ihr Verhältnis zu ihren Eltern. Sie war immer das angepaßte, brave, stille Mädchen. Ihr Verhältnis zu ihrer Mutter ist zwiespältig: Einerseits ist sie sehr solidarisch, andererseits stört sie die Bemutterung, ohne daß sie sich dagegen zur Wehr setzt. Eine grundsätzliche Loslösung von den Eltern hat nie stattgefunden. Zu ihren Geburtstagen schreibt der Vater einfühlsame, liebe Briefe, zum Teil mit eigenen Gedichten. Außerdem erzählte sie mir mehrmals von folgendem Traum, den sie in der Kindheit und Jugend immer und immer wieder hatte: ›Ich liege im Bett und schlafe nicht, da geht plötzlich die Tür langsam und lautlos auf – ich habe schreckliche Angst gehabt.‹

Über Utes Mutter weiß ich, daß sie ihren Vater im Krieg verlor, als sie etwa 10 Jahre alt war. Danach hat sie, da ihre Mutter arbeiten gehen mußte, die Mutterrolle für die beiden 5 und 8 Jahre jüngeren Schwestern übernommen. Mit 14 Jahren wurde sie sexuell mißbraucht von jemandem, der der Familie mit Naturalien geholfen hat. Seit jeher lenkt sie die Geschicke der Familie und des Geschäfts.

Utes Vater ist zusammen mit einer Schwester aufgewachsen, gegen die er sich nie behaupten konnte: ›Ihr wurde immer eher geglaubt.‹ Seine Mutter war der dominante Part in der Familie, Geschäftsfrau und große Dame. Sein Vater fand neben dieser Frau keinen Platz, er zog sich zurück und bezeichnete sich als Künstler. Mit 17 Jahren ging Utes Vater in den Krieg. Mit 25 Jahren kam er aus fünfjähriger russischer Gefangenschaft zurück und begann im Schuhgeschäft der Eltern zu arbeiten. Er ist unsicher, still und angepaßt.

Nach einigen Jahren übernahmen Utes Eltern das Geschäft. Wie sich dann erst herausstellte, mit großen Schulden. Sie arbeiteten viel. Die Tochter, Ute, wurde vernachlässigt. Die Mutter besuchte zum Ausgleich gern und viele kulturelle Veranstaltungen – allein, da der Vater kein Interesse hatte. Die Familie hat keinen Freundeskreis und kaum soziale Außenkontakte.«

Dann erzähle ich Dirk, wie die Psychodynamik der Inzestfamilie im Buch von Hirsch geschildert wird [vgl. Anhang]. Dirk ist eine Weile still. Dann sagt er: »Du meinst also, daß Ute sich an ihren eigenen Mißbrauch nicht erinnert?«

»Ja!«

«Und du glaubst, daß sie durch ihren Vater mißbraucht worden ist?« fährt er fort.

»Das weiß ich nicht«, antworte ich, »es könnte auch der Großvater oder sonst jemand in der Familie gewesen sein. Möglicherweise auch mehrere Täter. Ich weiß, daß Ute als kleines Kind stundenlang allein in der Wohnung war, während ihre Eltern zwei Etagen tiefer im Geschäft arbeiteten. Jeder konnte zu ihr gelangen, ohne daß es die Mutter bemerkte. Ich weiß auch, daß es irgendwann zum Streit gekommen ist und die Mutter damals darauf bestand, daß ein abschließbarer Wohnungszugang geschaffen wurde. Und vielleicht besteht ein Zusammenhang damit, daß etwa zur selben Zeit Utes Onkel für mehrere Jahre mit seiner Familie nach Paraguay ging. Zumindest aber wissen die Eltern etwas. Mein Schwiegervater schaut mir nicht mehr in die Augen, seitdem Ute von sexuellem Mißbrauch spricht; er blickt mich nicht einmal mehr an und geht jedem Kontakt aus dem Weg. Beide Schwiegereltern haben massiv versucht, Ute davon abzubringen, von sexuellem Mißbrauch zu reden. Daraufhin hatte sie zum ersten Mal in ihrem Leben Streit mit ihren Eltern.

Und dann ist da noch unser eigenes Sexualleben. In all den Jahren habe ich nie erlebt, daß das sexuelle Verlangen einmal von Ute ausging, immer gab ich den Anstoß. Dabei hatte ich nie den Eindruck, daß es ihr irgendwie wichtig war. Wir haben nie darüber gesprochen.«

»Was?« meint Dirk.

»Ja, in der Tat« antworte ich. »Heute frage ich mich auch: wieso eigentlich nicht? Ich habe noch immer den Eindruck, daß Ute auch ganz ohne Sex leben könnte. Das zweite ist, daß sie mitten in der Nacht oder am frühen Morgen nicht mit mir schlafen wollte. Wenn wir nachts wach wurden und mir war danach, dann mußte ich erleben, daß sie gänzlich passiv war. Sie hat es geschehen lassen. Das war wiederum für mich nicht schön, deshalb habe ich es nicht mehr gemacht. Und schließlich fällt mir noch etwas ein: Sie konnte es absolut nicht vertragen, wenn ich mich ihr von hinten näherte, um sie zu umarmen und zu küssen. Diese Art der Begrüßung war ihr absolut unerträglich.«

»Was willst du jetzt weiter machen?«

»Ich werde eine Stellungnahme zum Gutachten schreiben. Ich denke, daß ich Herrn Professor Lempp nicht zu nahe trete, wenn ich sage, daß er wohl wenig Chancen hatte, diese Psychodynamik in einem eineinhalbstündigen Gespräch mit Ute zu erkennen, zumal er nicht die Möglichkeit hatte, ihre Aussagen in irgendeiner Form zu überprüfen.

Christoph – Dr. Weinhardt – erzählte mir auch: ›Ich habe all die Monate nicht in Zweifel gezogen, was sie mir sagte, und dachte, du müßtest verrückt sein. Bis zum Juni, als du hier warst, und wir uns auf der Terrasse unterhielten. Da sind mir die Widersprüche aufgefallen. Bereits vorher hatte ich an Ute eine mangelnde emotionale Beteiligung wahrgenommen. Ich habe bei der Schilderung ihrer Probleme nur Haß, niemals Betroffenheit beobachtet. Ich hätte nie geglaubt, daß mich als erfahrenem Therapeuten jemand derart in den Wald schicken kann.

Im Herbst habe ich sie einmal darauf angesprochen, daß sie mir seit Stunden ihr Leid klagt, daß ich aber eine starke, keine leidende, betroffene, verzweifelte Frau sehe. Darauf fing sie spontan an zu weinen. Eine solche Fähigkeit, spontan zwischen emotionalen Zuständen hin und her zu schalten, habe ich bislang nur bei Schizophrenen gesehen. Ich denke, Ute ist zumindest eine Borderline-Persönlichkeit. Die Kinder müssen sofort von Ute getrennt werden.

Wenn Ute hier war, hat sie nur schlecht von dir gesprochen. Dabei hatte sie Ivon auf dem Schoß und die anderen Kinder spielten um uns herum. Seit ich ihr im Herbst einmal meine Meinung gesagt habe und ihr geraten habe, in eine Therapie zu gehen, geht sie mir aus dem Weg.‹ – Was sagst du dazu?«

Dirk meint: »Wenn das so gravierend ist, dann müßte Professor Lempp doch wenigstens etwas gemerkt haben.«

»Er ist nicht einmal auf die Idee gekommen«, antworte ich. »Im abschließenden Gespräch hat er mir gegenüber zum Ausdruck gebracht, daß Ute ein wesentlich positiveres Bild von mir habe als ich von ihr. Kannst du dir das vorstellen?

Es dürfte nicht ungewöhnlich sein, daß ein Ehemann, der von seiner Frau eines ungeheuerlichen Verbrechens beschuldigt wird, und dessen Frau ihm seit einem halben Jahr seine Kinder vorenthält, ein negatives Bild von ihr hat. Ungewöhnlich finde ich dagegen Utes Standpunkt. Aus ihrer Sicht habe ich sie mehrfach betrogen, sie verlassen, die älteste und jüngste Tochter sexuell mißbraucht, und ich behaupte vor Gericht, sie sei geisteskrank. Trotzdem gewinnt Professor Lempp den Eindruck, daß sie ein positives Bild von mir hat, ohne das zu hinterfragen. Er kommt zu dem Urteil, daß sie einen mäßigen, eher labilen Realitätsbezug hat. Das ist alles.«

»Und wie erklärt er die Auffälligkeiten der Kinder?«

»Gar nicht. Das ist es ja!« erwidere ich. ›Christoph meint auch, daß Ivons Auffälligkeiten durch Ute verursacht seien. Sie hat mir gegenüber immer wieder zum Ausdruck gebracht, daß sie sich immer ein kleines, zierliches Mädchen gewünscht habe. Lempp [3] schreibt dazu zum Beispiel: ›Es kommt nicht selten vor, daß, wenn die Beziehung zum Ehepartner, aus welchen Gründen auch immer, verloren geht, es zu einer für das Kind nicht ungefährlichen Symbiose kommt, bei der sich die Mutter an das Kind festklammert, es nicht mehr hergeben will, ihm keine individuelle Entwicklung erlaubt und es nicht großwerden lassen möchte. Ein solches Festhalten kann für dieses sehr störend, ja schädlich sein, und manche schweren Neurosen oder auch Psychosen im Jugendalter haben ihre Ursachen in einer solchen Unfähigkeit der Eltern, das Kind freizugeben.‹

Ich meine, es müßte doch auch dem Gutachter auffallen, daß ausgerechnet Maria, der er die stärkste Fixierung auf mich bescheinigt, die geringsten Auffälligkeiten zeigt. Aber jede Analyse kann nur nachweisen, wonach man sucht. Da Professor Lempp die Kausalitäten vertauscht hat, ist er auch nicht auf die Idee gekommen, die Symptome der Kinder als Folge psychischer Probleme bei Ute zu sehen.«

»Aber du hast doch auch mit Lempp gesprochen«, wirft Dirk ein. »Hast du ihm nicht gesagt was du denkst?«

»Nun, – daß Ute selbst Mißbrauchsopfer sein könnte, das

habe ich damals noch nicht gesehen. Ich habe natürlich versucht, ihm meine Beobachtungen zu erklären, aber er wollte von mir nur kurze Antworten auf seine Fragen und hat mich ständig unterbrochen. Das schreibt er sogar in seinem Gutachten: ›Beim Vater handelt es sich um einen in seinem Verhalten angepaßten Mann mit bereitwilliger Zuwendung. Er steht offenbar unter einem erheblichen Bedürfnis, sich auszusprechen.‹

In anderen Punkten hat er mir vermutlich nicht geglaubt. Er denkt vielleicht, daß ich Ute nur schlecht zu machen versuche.

Und ich bin auch nicht früher darauf gekommen, den zunehmenden Verlust ihrer Antriebsenergie zu hinterfragen. Das ist ein Punkt, den Ute auch selbst bemerkt hat. Im Schreiben ihrer Anwältin steht, daß ›[...] die empfundenen Belastungen der Antragsgegnerin zunahmen, ohne daß die Antragsgegnerin aber konkret sagen connte, worauf diese Belastungen beruhten.‹

Merkwürdig ist, daß zunächst jeder Psychiater, außer Lempp, den Verdacht auf Borderline bestätigt, und jetzt, da das Gutachten vorliegt, die Meinungen auseinandergehen. Auf der einen Seite ist mir wiederholt gesagt worden, daß ein Kinderpsychiater nicht unbedingt der richtige Mann zur Beurteilung dieses Sachverhalts sei, und daß ein eineinhalbstündiges Gespräch mit Sicherheit nicht ausreiche; auf der anderen Seite wurde ich mehrfach darauf hingewiesen, daß es sich im vorliegenden Fall vielleicht doch um Vorsatz handeln könnte.«

»Hast du dich schon einmal ernsthaft damit auseinandergesetzt, daß Ute die Behauptung vorsätzlich machen könnte?« will Dirk wissen.

»Nun – für eine vorsätzliche Tat spricht, daß Ute mir bereits Anfang November '91 gedroht hat: ›Wenn es zur Scheidung kommt, dann sollst du bluten!‹, und im Dezember '91 hat sie ihrer Freundin gegenüber gesagt: ›Thomas wird die Kinder nie wieder sehen.‹ Ein anderer Hinweis ist eine auffällige Parallelität der Ereignisse: Nach dem gleichen Strickmuster hatte Ute den Kontakt meiner Eltern zu den Kindern unterbrochen. Sie behauptete, Anna habe ihr erzählt, daß meine Mutter dieses und jenes gesagt habe. Meine Eltern haben das immer bestritten. Ich habe zu Ute gehalten und ihr geglaubt. Infolgedessen bin ich enterbt worden.

– Wie man es auch betrachtet, ob sie krank ist oder vorsätzlich handelt: sie handelt nicht zum Wohle der Kinder! Im ersten Fall kann sie nichts dafür, im zweiten Fall nimmt sie die Schädigung der Kinder billigend in Kauf. An Stelle von anerkannten Fachleuten wendet Ute sich an KOBRA, eine nicht von allen Fachleuten als seriös angesehene Organisation.«

»Hast du Hinweise auf das, was die Kinder sagen?« fragt Dirk.

»Einige wenige. Maria sagt, sie weiß nicht, warum sie bei Lempp ist. Und dann ist ihr erster Satz gegenüber diesem wildfremden Menschen, von dem sie nicht weiß, ob er etwas für sie tun kann, spontan: ›Ich möchte den Papa mal wieder sehen.‹ Auf die Frage, ob auch Anna den Papa sehen wolle, sagt sie: ›Ich weiß nicht – ja, sie will!‹ Dann erzählt sie, die Mama habe gesagt, sie dürfe den Papa sehen, aber der Papa habe es nicht gewollt.«

»Das ist eindeutig«, meint Dirk, »und die anderen?«

»Professor Lempp schreibt, daß er auch Anna gefragt hat. Annas Antwort war: Sie wolle nicht, daß ich zurückkomme. Sie berichtet, daß ich dagewesen sei, und gerne hätte, daß sie bei mir ist, und – spontan –: ›Ich will aber bei der Mama bleiben.‹ Dazu sagt Lempp: ›Anna versteht es, sehr schnell von belastenden Themen, etwa der Trennungssituation abzulenken, und spontan, wortreich und ausführlich irgendwelche Geschichten zu erzählen. Wenn es ernst wird, ist sie sofort wieder still, blickt unter sich, ist zurückhaltend und wirkt ängstlich.‹ Er sagt auch, daß Anna offenbar erheblich unter der Situation leidet und sich auch unmittelbar bedroht fühlt. Ich begreife nicht, wieso er solche Aussagen nicht hinterfragt?«

»Was meinst du damit?« fragt Dirk, und ich fahre fort:

»Wenn Anna spontan sagt, daß sie bei Ute bleiben möchte,

dann kann man doch vorsichtig hinterfragen aus welchem Grund sie das will. So bleibt es Lempp offen, hineinzuinterpretieren, was immer ihm gefällt.«

Nach dem Spaziergang bringe ich meine Gedanken zu Papier. Es wird ein dreißig Seiten umfassendes Dokument. Was mir fehlt, ist ein Beweis für meine Theorie. Aus meiner eigenen Erfahrung weiß ich nur zu gut, was es bedeutet, einer solchen Tat verdächtigt zu werden, und ich frage mich, ob ich hier nicht selbst eine Verleumdung begehe. Nach langem Hin und Her entschließe ich mich, meine Schwiegereltern zu besuchen, um ihnen auf den Zahn zu fühlen.

Sie empfangen mich mit ein wenig Distanz, was der Situation ja durchaus angemessen ist, schließlich stehen sie auf Utes Seite. Wir sprechen ein paar belanglose Dinge miteinander, dann setzen wir uns an den Tisch. Ich suche mir den Platz am Kopfende des Tisches aus, um sie beide beobachten zu können. Sie reden davon, wie schwierig die Situation für Ute ist. Dabei machen sie durchaus nicht den Eindruck, daß sie annehmen, ich könnte Anna mißbraucht haben. Es gibt keine Vorwürfe und keinerlei Schuldzuweisungen.

Ich spreche sie auf die Trennung an und erfahre, daß Ute ihnen richtig erzählt hatte, daß wir uns zunächst für ein bis zwei Monate trennen wollten. Damit hatte sie aber auch eigentlich keinen Grund zu einer panischen Reaktion oder Rache. Schließlich sage ich gespielt beiläufig:

»Ich verstehe bis heute nicht, wie Ute auf sexuellen Mißbrauch kommt!«

Meine Schwiegermutter Julia hat sofort eine Erklärung bereit. Sie meint, daß wir schlechte Freunde hatten, die Ute äußerst negativ beeinflußt haben. Da sei zum einen Frau Helbig, die uns unser Glück immer mißgönnt habe und nichts unversucht gelassen habe, einen Keil zwischen uns zu treiben, und vor allem Marion, die Ute massiv unterstützt hat und in Wirklichkeit nur hinter mir her gewesen sei, usw. Julia kommt nicht ein einziges Mal ins Stocken und macht keine Denkpausen. Ich habe den Eindruck, daß sie sich diese Geschichte zurechtgelegt hat. Mein Schwiegervater ist ganz ruhig geworden. Er schaut mich nicht an, sitzt mit verschränkten Armen, den Blick mal auf den Tisch, mal auf seine Frau gerichtet. Bis vor wenigen Augenblicken hat er sich noch am Gespräch beteiligt. Jetzt läßt er Julia allein reden. Als sie fertig ist, ergreife ich das Wort:

»Julia, selbst wenn ich alles unwidersprochen stehen lasse und einmal so tue, als ob du das richtig siehst, dann erkenne ich, daß Ute im November letzten Jahres verunsichert war im Hinblick auf meine eheliche Treue, aber das hat doch nichts mit sexuellem Mißbrauch zu tun«, sage ich und fahre fort: »Wie kommt sie auf sexuellen Mißbrauch?«

Daraufhin erzählt Julia mir die gleiche Geschichte noch einmal. Mein Schwiegervater ist ganz still. Sein Gesicht ist ziemlich rot, viel roter als zuvor, und seine nach wie vor über der Brust verschränkten Arme zeigen auch eine Veränderung: die Hände sind jetzt weiß – völlig farblos. Sein Kopf ist leicht nach unten gesenkt, so daß er unentwegt auf den Tisch schaut und ich nicht in seine Augen sehen kann. Nur dann und wann hebt er die Augen ein wenig und wirft einen Blick auf Julia.

Danach wechsele ich das Thema. Nach einer Weile nimmt auch Hermann wieder am Gespräch teil und wendet dabei auch sein Gesicht, das wieder Farbe hat, in meine Richtung. Anschauen tut er mich aber allenfalls flüchtig. Eigentlich hatte ich auf meine Frage eine Bemerkung anderer Art erwartet, etwa: ›Das haben wir uns auch gefragt – das verstehen wir auch nicht‹, oder: ›Das haben wir Ute auch gefragt, als wir sie sahen.‹ Nichts von alledem! Wenn jemand nicht fragt, dann gibt es nur zwei mögliche Erklärungen.

Die erste ist, daß er kein Interesse hat. Das ist bei Utes Eltern kaum vorstellbar. Die zweite Erklärung ist, daß der Betreffende die Antwort bereits kennt. Julia und Hermann kennen die Antwort, sie kennen den Hintergrund von Utes Behauptung. Aus diesem Grund haben sie Weihnachten massiv versucht, Ute davon abzubringen, immer wieder von sexuellem Mißbrauch zu reden. Aus diesem Grund hat meine Schwiegermutter geweint, als ich ihr von dem Interview im Radio erzählte.

Auf der Rückfahrt erinnere ich mich plötzlich, daß Ute mir vor Jahren erzählt hatte: ›Als Teenager habe ich mir mit Schulfreundinnen ausgemalt, wie das wohl sein mag, wenn man das erste Mal mit einem Jungen schläft. Als es dann soweit war, war es ganz anders. Da habe ich festgestellt, daß ich keine Jungfrau mehr war. Offenbar war meine Jungfernhaut bereits früher, vermutlich durch einen Tampon, unbemerkt kaputt gegangen.‹ Ich muß gestehen, daß ich bis vor kurzem so naiv war zu glauben, daß es so etwas gibt. Inzwischen weiß ich, daß das nicht sein kann. Hätte ich das bereits damals gewußt, wäre ich vielleicht vor vielen Jahren schon skeptisch geworden. Heute frage ich mich, wer das Märchen vom Tampon erfunden hat. Ute? Ihre Mutter?

Juni 1992 – Zweite Verhandlung

Ich möchte dem Gericht diese ganze Information zukommen lassen. Dr. Reiter ist damit einverstanden. Trotzdem macht er mir keine Hoffnungen. Er geht davon aus, daß es zu einem Urteil zu Utes Gunsten kommen wird. Als letzten Versuch schickt er dem Gericht Christophs Stellungnahme:

Er schildert, daß er uns seit Jahren kennt. In der ganzen Zeit habe er Anna als lebendig und extrovertiert erlebt. Ivon sei seiner Ansicht nach zurückgeblieben. Als er Ute auf die Entwicklungsstörung aufmerksam machte, habe sie sich empört von ihm abgewandt. In den zahlreichen Gesprächen über unsere Eheproblematik habe er festgestellt, daß Ute ihren Anteil kaum zu reflektieren vermochte. Stets habe sie ausgesprochen unbeteiligt gewirkt. Darauf angesprochen, daß sie ihr Leid klagt, aber nicht leidet, habe sie spontan zu weinen angefangen. Die Fähigkeit zu solch einem gefühlsmäßigen Umschwung sei typisch für schizophrene Persönlichkeiten. In ihren plastischen Schilderungen habe Ute ihr Verhalten als Reaktion auf durchgängige Ängste dargestellt. Sie wirkte sprunghaft, und sie stellte sich als in ihren Handlungsmöglichkeiten stark beeinträchtigt dar. Das Ganze sei mit einer auffälligen Gefühlshemmung einhergegangen, die auch von ihr wahrgenommen wurde. Ebenfalls beklagte sie den daraus resultierenden Kontaktverlust und ihren mangelnden Antrieb. Alle ihre Berichte endeten in der gleichen Stereotypie, daß alles so einfach wäre, wenn ihr Mann sich ändern würde. Und Christoph schreibt: ›Da ich grundsätzlich keine Behandlung im Bekanntenkreis durchführe, hielt ich es für angezeigt, ihr den Sinn und Nutzen einer Psychotherapie vor Augen zu führen. Doch diesen Gedanken wies sie weit von sich, zumal ihrer Ansicht nur einer therapiert gehöre, ihr Mann. Ich vermute, daß der aktualneurotische Zustand durch die narzißtische Kränkung (bevorstehende Trennung) und den Wegfall der Projektionsfläche (der Ehemann entzieht sich ihrem Einfluß durch möglichen Auszug) in einen akuten Wahn umgeschlagen ist.‹

Es kommt die zweite Verhandlung. Zu Beginn der Verhandlung haben beide Parteien Gelegenheit, zu dem Gutachten von Prof. Lempp Stellung zu nehmen. Ich zähle noch einmal stichwortartig auf, was im Dokument enthalten ist. Dann gehe ich ausführlicher auf das Wohl der Kinder ein und betone den Schaden durch KOBRA. Ich sage wörtlich:

»Seit kurzem weiß ich, daß KOBRA mit dem Abbruch der ›Behandlung‹ gedroht hat, wenn die Kinder Kontakt zum Vater bekommen. In meinen Augen läßt sich KOBRA am besten mit einer Sekte vergleichen: Kein Kontakt zu den Menschen, die anders denken! Schweigen wird sowohl innerhalb als auch nach außen zum Dogma erhoben. Meines Erachtens handelt es sich bei Frau Ismatis um eine Therapeutin von selbsternannten Gnaden und bei KOBRA um eine handvoll arbeitsloser Psychologen, die sich auf die Fahne geschrieben haben, sexuell mißbrauchten Mädchen zu helfen, und damit Sponsoren gefunden haben.

Deutlich ist, daß ihnen jedes therapeutische Fachwissen fehlt. Aus dem vorliegenden Dokument geht hervor, daß die Initiative vom Therapeuten ausgeht. Darin liegt die Gefährdung für Anna. Aus dem Jugendamtsbericht geht hervor, daß Frau Ismatis die Mutter voll unterstützt, indem sie vor dem Kontakt der in ihren Augen unbelasteten Kinder mit dem Vater warnt. Hier schlägt eine angebliche Therapeutin vor, daß der Vater von den Kindern fernzuhalten ist. Wäre sie Therapeutin, dann wüßte sie, daß Trennungsängste die schlimmsten traumatischen Erfahrungen sind, die ein Kind erleben kann.«

Sodann gebe ich eine eidesstattliche Erklärung ab, daß ich meine Töchter nicht sexuell mißbraucht habe. Der Richter fragt Ute, warum sie mich Maria nicht hat begrüßen lassen, als ich am Haus war. Er erhält die übliche Antwort, daß nach Ansicht von KOBRA kein Kontakt stattfinden soll. Herr Tappert meint:

»Nun, Herr Professor Lempp sagt in seinem Gutachten sehr deutlich, daß Maria den Vater unbedingt sehen will.«

Darauf Ute: »Ja, Lempp unterstützt aber auch ein betreutes Besuchsrecht.«

Tappert meint: »Aber es waren doch sowohl Sie als der Freund Ihres Mannes dabei.«

Trotzdem, meint Ute, sie wolle ein betreutes Besuchsrecht.

Tappert gibt auf. Ich werfe ein:

»Sie hat sich nicht nur zwischen uns gestellt, sie hat auch behauptet, Sie, Herr Tappert, hätten mir den Umgang mit den Kindern verboten.«

»Das wüßte ich allerdings«, meint Herr Tappert.

Dann sagt Ute, sie möchte den Besuch erst, wenn auch Maria in Therapie ist. Sie beabsichtige, Maria nach den Ferien eine Spieltherapie machen zu lassen.

»Ich denke, Maria ist die von allen am wenigsten belastete Tochter«, sagt Herr Tappert. »Aus dem Gutachten entnehme ich nicht, daß sie einer Therapie bedarf.«

»Ja, trotzdem«, ist Utes Antwort.

Ich werfe ein: »Es ist doch seltsam, meine Frau hat immer behauptet, daß ihr früherer Freund in Therapie gehöre, von meiner Mutter behauptet sie seit Jahren das Gleiche, mich möchte sie seit zwei Jahren in eine Therapie schicken, jetzt bringt sie alle Kinder in Therapie, nur sie selbst hat keine nötig.«

Der Richter schaut Ute fragend an, aber es kommt keine Antwort. Dann nehme ich das Gespräch noch einmal an mich:

»Was ich bis heute nicht verstehe, ist, daß meine Frau so viel Unterstützung erfährt. Offenbar findet es niemand seltsam, daß sie angeblich bereits im Frühjahr den Verdacht hatte und nichts unternahm. Acht Monate hat eine Mutter diesen schrecklichen Verdacht und spricht mit niemandem darüber. Sie geht weiterhin jeden Montag abend fort und läßt den Vater mit den Kindern allein. Sie ist weiterhin an jedem ersten Mittwoch im Monat abends außer Haus. Sie geht zu

Elternabenden und Wochenendseminaren. Ich verstehe das nicht!«

Die Verhandlung endet mit drei Regelungen. Herr Tappert will ein weiteres Gutachten über beide Elternteile. Dieses Mal nicht von einem Kinderpsychiater. Darüber hinaus folgt er unserem Wunsch, eine Begutachtung der Organisation KOBRA in Auftrag zu geben. Dieses beabsichtigt er wiederum an Professor Lempp zu geben. Und letztlich gibt es endlich eine Besuchsregelung. Herr Tappert verfügt, daß Ute mich einmal in der Woche nachmittags für zwei Stunden die Kinder sehen lassen muß. Wir sollen uns zur Absprache mit dem Kinderschutzbund in Verbindung setzen. Unserem neuerlichen Wunsch nach einem kinderpsychologischen Gutachten folgt das Gericht nicht. Außer Ute hat sich auch das Jugendamt dagegen ausgesprochen.

Ich warte darauf, die Kinder wieder zu sehen. Bereits einen Tag nach der Verhandlung spreche ich mit dem Kinderschutzbund. Nachdem die Leiterin des Bundes auch mit Ute ein persönliches Gespräch geführt hat, steht einem Besuch nichts mehr im Weg. Wir haben uns auf den Freitagnachmittag geeinigt. Dann ruft der Kinderschutzbund an:
»Herr Alteck, am kommenden Freitag werden Sie ihre Kinder noch nicht sehen. Ihre Frau rief eben an und sagte, daß sie dann keine Zeit hat, die Kinder zu bringen.«
»Was tun Sie nun?«, frage ich, »die Besuchsregelung ist eine gerichtliche Auflage.«
»Wir können gar nichts tun«, ist die Antwort, »Sie müssen sich gegebenenfalls an das Gericht wenden.«
»Hat meine Frau gesagt, wie es weiter gehen soll?« frage ich.
»Ja, am darauffolgenden Freitag will sie Maria bringen, falls Maria dann will. Die anderen beiden wollen Sie nicht sehen, sagt Ihre Frau. Danach wird Ihre Frau in Urlaub fahren, so daß der nächste Termin dann im August ist.«

Das also soll die Besuchsregelung sein? Ich fühle mich betrogen, beschissen und betrogen. Was kann ich tun? Nachts kann ich kaum noch schlafen, und ich habe schreckliche Magenkrämpfe. Dr. Reiter hat mich wiederholt darauf hingewiesen, daß ich einfach abwarten soll.

»Wenn Sie die Kinder ohne Absprache an sich nehmen, ist das Selbstjustiz. Damit schaden Sie sich nur. Jeder Richter wird in dem Fall einen Tag später das Sorgerecht Ihrer Frau geben.«

Vom Gericht kommt die Nachricht, daß Professor Tenger, ärztlicher Direktor einer psychiatrischen Klinik, mit der Begutachtung beauftragt ist. Wenig später erfahre ich, daß der Termin für Anfang September anberaumt ist. Ich bin sicher, daß der Richter kein Urteil ohne das Gutachten sprechen wird. Daher beschließe ich, die Kinder an mich zu nehmen und möglicherweise bis zur nächsten Verhandlung unterzutauchen. Wenn Ute krank ist, werde ich die Kinder bekommen, ob ich Selbstjustiz geübt habe oder nicht. Im anderen Fall ist es auch egal. Vor allem muß ich mit ihnen zu einem psychologischen Gutachter, damit endlich jemand feststellt, ob meine Kinder Angst vor mir haben.

Ich beginne, konkrete Pläne zu machen. Mich beschäftigen viele Fragen: Wo soll ich mit den Kindern hin? Wie soll ich die Kinder an mich nehmen? Wie werden die Kinder reagieren? Kann das schädlich für sie sein?

Ich ziehe Goudbol als Ziel ins Kalkül. Dafür spricht, daß die Kinder immer gern dort hinfahren. Es gibt keinen anderen Ort, an dem sie so viel Zeit ihres Lebens verbracht haben, wenn man von daheim einmal absieht. Die Umgebung ist ihnen vertraut. Dagegen spricht, daß Ute uns dort wahrscheinlich zuerst suchen wird.

Mit meinem Arbeitgeber einige ich mich, daß ich zunächst meinen Jahresurlaub antrete und im Anschluß gegebenenfalls unbezahlten Urlaub nehme. Dafür bin ich sehr dankbar. Dann kündige ich mein Zimmer in der Wohngemeinschaft, das ich seit Februar bewohne. Mittlerweile habe ich eine Vorstellung, wie ich die Kinder an mich bringen kann. Ich will versuchen, Utes Auto an mich zu nehmen, während die Kinder darin sitzen. Das erlaubt mir eine schnelle Flucht und erschwert Ute die Verfolgung.

Alle diese Überlegungen finde ich ausgesprochen verrückt, schließlich handelt es sich um meine eigenen Kinder. Ich weiß, daß mir nur wenige Tage Zeit bleiben. Ute will am 4. Juli in die Ferien fahren. Kopfzerbrechen macht mir die Frage der Kleidung für die Kinder. Ich werde mir etwas borgen und eventuell dazukaufen. Von meinen Sachen packe ich alles, was ich nicht brauche, ich in zwei Umzugskartons und schaffe es zu Freunden. Alles, was ich bis Ende Oktober benötigen werde, verstaue ich im Auto. Meine größte Sorge ist die Reaktion der Kinder. Maria und Ivon habe ich zuletzt im Februar kurz gesehen, Anna seit Dezember nicht mehr. Wie wird gerade Anna reagieren? Ich bespreche das mit einem Psychologen. Der sagt, ich muß damit rechnen, daß Anna vor mir schreiend davonrennt, denn schließlich steht sie seit sieben Monaten unter Utes Einfluß. Ich will natürlich unter allen Umständen vermeiden, daß die Kinder Panik bekommen.

Es ist der 30. Juni. Die ganze Nacht habe ich wieder über die möglichen Reaktionen der Kinder nachgedacht. Ich kann sie nicht gegen ihren Willen mitnehmen. Jetzt plötzlich habe ich die rettende Idee. Ich entschließe mich, Anna in der Schule zu besuchen. Ich muß vorher ausprobieren, wie sie reagiert.

Auf dem Weg habe ich Herzklopfen. Was wird passieren? Wird sie sich unter einem Tisch verstecken oder an den Rockzipfel ihrer Lehrerin hängen? Mir ist schlecht bei diesen Gedanken. Ich warte vor der Klasse. Plötzlich wird es laut im Klassenzimmer. Die Stunde ist zu Ende, die Tür geht auf und die ersten Kinder stürzen vorbei. Dann kommt Anna.

Sie sieht mich sofort und läuft mir in die Arme. Ich knie mich hin und wir umarmen uns beide wortlos. Auch Anna kullern Tränen über die Wangen. Ihre Lehrerin kommt aus

der Klasse und schaut uns fassungslos an. Dann löst sich Anna, gibt mir einen Kuß und sagt:
»Morgen gibt es Zeugnisse, Papa, dann gehe ich schon in die zweite Klasse.«

Ich bin so glücklich! Anna erzählt mir von der Schule und von ihrer Katze. Hand in Hand gehen wir hinaus auf den Schulhof. Nach einer ganzen Weile läßt sie mich los und spielt mit ihren Klassenkameraden. Ich gehe hinüber zu ihrer Lehrerin und wir unterhalten uns über die Situation. Zwischendurch kommt Anna wieder und fordert mich auf, mit ihr Fangen zu spielen. Wir spielen bis zum Ende der Pause. Dann verabschiede ich mich von ihr. Sie meint:
»Du kannst ja morgen wieder kommen.«
Mir stehen Tränen in den Augen.
Ich sagte: »Nein mein Schatz, lieber nicht. Die Mama möchte nicht, daß wir uns sehen und ich möchte die Mama nicht wütend machen.«
Jetzt steht für mich fest, daß ich es wagen werde. Als eine der letzten Vorbereitungen schreibe ich einen Brief an den Richter; schließlich stehe ich bei ihm im Wort. Das will ich nicht kommentarlos brechen. Ich schreibe, daß ich fälschlicherweise geglaubt habe, daß mit meinem Sorgerechtsantrag nunmehr die Verantwortung für das Wohl der Kinder beim Gericht liegt. Jetzt habe ich mich darauf besonnen, daß der Ausdruck: ›Das Sorgerecht übertragen‹ in zweifacher Hinsicht irreführend ist.Zum einen ist das Recht der elterlichen Sorge in erster Linie eine Pflicht der elterlichen Sorge und zum anderen kann das Gericht nicht übertragen, da es dieses Recht nicht besitzt; es kann nur entscheiden, welcher Elternteil die Pflicht der elterlichen Sorge in Zukunft ausschließlich haben soll. Mein Handeln ist die Besinnung auf meine Pflicht. Diesen Brief will ich auf der Flucht in den Briefkasten stecken.

Juli 1992 – ›Kindesentziehung §§ 235 StGB‹

Als ich am Morgen des 1. Juli das Haus verlasse, ist mein Zimmer vollkommen geräumt. Es ist nicht sicher, ob ich am Abend noch einmal wiederkomme. Meinem Plan entsprechend, parke ich das Auto einige Querstraßen entfernt von unserem Haus. Um halb acht beziehe ich am Bahndamm gegenüber dem Haus Stellung. Die Sträucher sind hoch genug, um mich mit meinem Fernglas gut zu verbergen.

Um Viertel vor acht kommt Anna mit der Schultasche auf dem Rücken aus dem Haus. Sie macht sich auf den Weg zu ihrem Klassenkameraden. Sie hustet, das ist mir am Vortag schon aufgefallen. Kurze Zeit später kommt Maria die Treppe hinunter. Sie setzt sich auf die Treppe ans Fenster und hält Annas Katze auf dem Arm. Kurz vor neun Uhr kommt Ute mit Maria und Ivon. Sie fahren fort, vermutlich zum Kindergarten. Um Viertel nach neun kommt Ute zurück. Jetzt sind die Kinder außer Haus. Für einige Stunden wird mit Sicherheit nichts passieren, daher beschließe ich, mich bei Freunden zu einem Tee einzuladen.

Marion freut sich über die Abwechslung, die mein Besuch darstellt. Zum Glück stellt sie mir keine Fragen. Um elf Uhr gehe ich wieder zum Haus. Diesmal komme ich von der Gartenseite. Die Kellertür ist offen. Einen kleinen Moment zögere ich, dann gehe ich einfach durch den Garten und vorsichtig und leise in den Keller. Ich mache es mir im Gästezimmer bequem und bin entschlossen, die Nacht im Haus zu verbringen. Um halb zwölf höre ich Ute auf der Kellertreppe. Sie kommt herunter und schließt die Kellertür ab. Kurz danach verläßt sie das Haus und fährt davon. Ich vermute, daß sie die Kinder im Kindergarten abholen wird. Ich bin plötzlich allein und kann es gar nicht glauben. Vorsichtig gehe ich in die Wohnung und schaue mich um. Es herrscht ein ziemliches Chaos. Viel Zeit nehme ich mir nicht, da ich annehme, daß Ute jeden Moment zurückkommt.

Kurzentschlossen suche ich nach dem Schlüssel für das Schloß auf dem Waschküchenfenster. Dann nehme ich das Schloß ab. Jetzt weiß ich, daß ich gegebenenfalls jederzeit wieder ins Haus einsteigen kann. Danach verlasse ich das Haus durch die Haustüre und gehe zum Auto zurück. Nach geraumer Zeit gehe ich wieder zum Haus. Seltsamerweise ist Ute noch nicht wieder da. Mittlerweile ist es beinahe ein Uhr. Mich packt die Neugier und ich steige durch das Fenster ein. Nach einem kurzen Blick in alle Räume komme ich plötzlich auf die Idee, die Sachen der Kinder einzupacken.

Ich fange mit Kleidungsstücken an. Anschließend nehme ich die Schmusetiere und andere Kleinigkeiten, von denen ich weiß, daß sie den Kindern wichtig sind. Ich lege alles auf Bettlaken und Bettbezüge, die ich dann mit den Enden zusammenknote. Als ich fertig bin, habe ich drei große Pakete. Ich habe keine Ahnung, was mich so mutig macht, aber im Augenblick bin ich sicher, daß Ute noch nicht zurückkommen wird. Ohne Hast bringe ich das Gepäck nach unten und stelle es auf die Terasse. Dann hole ich mein Auto, fahre bis vor die Garage und lade die Bündel ein. Danach bringe ich das Auto zurück.

Wieder am Haus, ist Ute tatsächlich noch nicht da. Das wäre auch sehr schwierig für mich, da ich jetzt die Sachen habe. Würde sie es merken, wäre mein Plan gescheitert. Irgend etwas gibt mir die Nerven, ich bin vollkommen ruhig. Ich gehe zur Mülltonne und lege sie vorsichtig in die Garageneinfahrt, gerade so, wie wenn sie umgefallen wäre. Anschließend mache ich das Einfahrttor ein wenig zu. Jetzt bin ich fertig. Irgendwie bin ich sicher, daß Ute, wenn sie jetzt kommt, mit allen drei Kindern kommen wird. Ich setze mich hinter den kleinen Holzschuppen auf der anderen Straßenseite und warte. Nach einer Weile, nachdem ich alles noch einmal in meinem Kopf durchgegangen bin, bekomme ich Angst. Ute wird sich vielleicht wehren; ganz furchtbar wehren sogar. Was mache ich dann? Noch während ich nachdenke, fährt sie vor, steigt aus und geht die Einfahrt hinunter. Alle Kinder sind im Auto – Ute steht an der Mülltonne.

Mit ein paar großen Schritten bin ich am Auto, steige ein und greife als erstes nach dem Sitzversteller. Die Kinder sind erschreckt. Ute schaut auf, braucht aber einen kleinen Moment, bis daß sie die Situation erfaßt. Ich starte. Ute kommt angerannt. Anna ruft: »Nein, Papa!« Gerade rechtzeitig kann ich den Türknopf schließen, so daß Ute die Tür nicht von außen öffnen kann. Ich fahre mit angezogener Handbremse rückwärts. Der Motor des kleinen Panda heult auf. Ute hält sich an der leicht geöffneten Türscheibe fest. In ihrem Gesicht steht Wut und Verzweiflung. Ich finde den Vorwärtsgang und fahre los. Mir wird ganz schlecht. Die Kinder, mit Ausnahme von Ivon protestierten:

»Papa, bring uns zurück. Wir wollen zur Mama.«

Es ist schrecklich! Vor allem, weil ich darauf nicht gefaßt bin. Wieso wollen sie jetzt zu Ute? Wir fahren um die nächsten drei Ecken. Dann halte ich an und bitte die Kinder auszusteigen. Sie wollen nicht. Ich hebe Ivon aus dem Auto und setze sie in den Kindersitz des anderen Autos. Sie sagt nichts, sie läßt es geschehen. Die anderen wollen immer noch nicht.

»Bring uns wieder zur Mama!‹

Ich sage ihnen, daß ich erst ein Stück mit ihnen fahren möchte und dann mit ihnen reden werde. Schließlich steigen sie aus. Anna möchte ihre Schultasche mitnehmen.

»Ja sicher«, sage ich zustimmend.

Dann packen wir die Sachen in das andere Auto. Seit fünf Minuten habe ich das Gefühl, ein Verbrecher auf der Flucht zu sein und von allen beobachtet zu werden. Die Kinder steigen ein, und wir fahren los. Ich möchte schnell fort. Anna droht mir plötzlich:

»Wenn du uns nicht sofort zurückbringst, dann werfe ich die Flasche auf dich!«

Sie hat eine Limoflasche in der Hand. Maria weint plötzlich:

»Meine Mama.«

Ich gehe nicht darauf ein, ich bin mir so unsicher. Einen Moment später versuchen Anna und Maria es mit Lockungen:

»Wenn du uns zurückbringst, dann erzählen wir dir ein Geheimnis«, sagt Anna.

Meine Ablenkungsversuche schlagen alle fehl. Ich bitte die Kinder, sich noch ein bißchen zu gedulden. Ich bin drauf und dran zurückzufahren. Ich habe Zweifel, ob ich der Situation nervlich noch länger gewachsen bin. Dann erinnere ich mich, aus welchem Grund ich das alles tue. Das gibt mir die Kraft, weiterzufahren. Kurz danach wird Anna ruhig. Offenbar ist sie sehr mitgenommen. Maria weint noch ein wenig. Nur Ivon ist ganz still, sie beobachtet. Sie zeigt weiterhin keine Regung; nicht Freude, nicht Schmerz, nicht Angst – sie hat beschlossen, zu beobachten. Schließlich halte ich am Waldrand an. Wir steigen aus. Ich nehme Kekse und Apfelsaft mit, und wir gehen ein paar Schritte auf einem kleinen Weg. Dann setzen wir uns ins Gras. Ivon setzt sich auf meinen Schoß. Die Kinder nehmen den Apfelsaft. Sie haben sich beruhigt.

Ich erzählte ihnen, daß ich sie so lange nicht gesehen habe, und daß ich deshalb furchtbare Bauchschmerzen hatte, daß ich jeden Tag und jede Nacht an sie gedacht und geweint habe, und daß Ute nicht wollte, daß ich sie sehe. Ich erklärte ihnen, daß ich mit ihnen zunächst zu Freunden und dann vielleicht nach Goudbol fahren will. Das glauben sie nicht.

Maria meint: »Papa, das ist nicht in Ordnung, was du gemacht hast.«

Ich gebe ihr Recht, und nicke. »Ja mein Schatz, es ist nicht in Ordnung«, sage ich, »ich habe es getan, um euch endlich wieder zu sehen. Was die Mama macht, ist auch nicht in Ordnung.«

Ich suche krampfhaft nach einer neuen Strategie. Ich muß mir etwas einfallen lassen, um mich über die nächsten Stunden zu retten. Als erstes schlage ich einen Spaziergang vor. Die Kinder sind einverstanden.

Wir gehen über die Wiesen. Ivon möchte an meine Hand. Später kommt Maria an die andere und auch Anna versucht eine Hand zu erwischen, wenn eine der beiden anderen losläßt. Es ist wunderbar, ich weine. Nach sieben Monaten habe ich meine Kinder wieder an der Hand und wir spazieren bei herrlichem Wetter über eine schöne Blumenwiese. Wir sammeln Marienkäfer und versuchen Schmetterlinge zu fangen. Ich genieße es und ich sehe, daß es den Kindern gefällt. Dann laufen wir zum Auto zurück.

Von der nächsten Telefonzelle rufe ich die Frau eines Freundes, Karen, an. Es ist an der Zeit, ihr zu sagen, daß mein Plan funktioniert hat. Sie weiß seit ein paar Tagen von meinem Vorhaben. Ich kenne sie persönlich noch nicht. Wir verabreden uns für sechs Uhr in einem Freizeitpark. Den Kindern gefällt die Idee, auf einen großen Spielplatz zu gehen. Sie haben inzwischen akzeptiert, daß sie an diesem Tag nicht mehr nach Hause kommen. Sie sind damit einverstanden, daß sie die Nacht bei Freunden schlafen, bestehen aber darauf, am nächsten Morgen wieder zur Mama gebracht zu werden. Alle drei sind von dem Park sofort angetan. Jetzt sind sie abgelenkt, und ich habe endlich Zeit, ein wenig über die Situation nachzudenken. Ich habe immer noch ein ungutes Gefühl im Bauch; die nervliche Anspannung hinterläßt ihre Spuren. Die Kinder beziehen mich aktiv in ihr Spiel mit ein, Papa hier, Papa dort. Ich muß gucken, helfen, am Ende der Rutsche auffangen, die Hand reichen und vieles mehr. Dann laufen sie weiter zum Sandkasten. Sie stellen fest, daß der Sand so fein wie der in Holland ist. Um sechs Uhr kommt Karen mit ihren beiden Kindern und holt uns ab. Wir machen uns sofort daran, das Abendbrot zu richten. Unsere Kinder sind miteinander beschäftigt. Nach dem Essen ist es schon beinahe acht Uhr und die Kinder sehen alle sehr müde aus; es war auch ein aufregender Tag für sie. Wir richten die Betten, dann lese ich ihnen noch eine Geschichte vor. Mittlerweile ist es fast neun. Die Kinder sind erschöpft, zufrieden und bereit zu schlafen. Anna sagt: »Morgen früh bringst du uns aber wieder zur Mama.« Kurz darauf schläft sie ebenso fest wie ihre Schwestern. Alle schlafen die ganze Nacht ruhig durch.

Ich habe nun Zeit, ein wenig nachzudenken. Die Kinder scheinen von den Ereignissen der letzten Monate nicht so schlimm berührt, wie ich angenommen hatte. Nach Lempps Gutachten hatte ich mir das schlimmer vorgestellt. Zwei Dinge sind mir aufgefallen. Anna hat beiläufig erwähnt, daß sie Angst vor Gespenstern hat. Einmal wäre ein Gespenst bei ihr im Schrank gewesen. Da sei die Mama gekommen und habe die Zwischenwand weggerissen und dort sei ich gehockt. »Das hat dir die Mama erzählt?« fragte ich. »Nein, ich habe es selbst gesehen«, sagte Anna. Ich weiß nicht, was das bedeutet. Maria erzählte zweimal, daß sie am Freitag einen Termin mit mir hat. Offenbar ist sie dermaßen darauf fixiert, daß sie überhaupt nicht begreifen kann, daß wir bereits zusammen sind. Es machte und macht mich sehr betroffen. Was muß in ihr vorgehen, daß sie immer wieder sagt: »Gell Papa, wir beide haben Freitag einen Termin.« Um elf Uhr gehe auch ich ins Bett und denke noch ein wenig über das Erlebte nach. Es ist fast unglaublich, daß alles so geklappt hat, aber es ist wahr.

Wir werden gegen neun wach. Ich helfe den Kindern, ihre Anziehsachen zu sortieren. Anna sagt: »Nach dem Frühstück möchte ich wieder nach Hause, Papa.« Ich verabrede mit den Kindern, daß wir beim Frühstück darüber reden.

Als wir zusammensitzen, gehe ich auf ihre Fragen ein. Ich sage ihnen ganz offen, daß ich nicht weiß, warum die Mama glaubt, daß ich ihnen etwas Böses tun könnte. Ich sage ihnen auch, daß ich sie nicht eher wieder zur Mama bringen kann, bis daß die Mama beim Arzt war. Sie akzeptieren es ohne Kommentar. Damit hatte ich nicht gerechnet, aber ich bin froh. Der Tag verläuft sehr harmonisch. Es gibt kein einziges Wort über die Entführung oder die Mama. Ich bin immer noch erstaunt. Jeden Moment warte ich darauf, daß etwas passiert, aber unser Umgang miteinander ist gerade so, als ob es die letzten sieben Monate nicht gegeben hätte.

Später rufe ich einen Kollegen an. Der erzählt, daß die Kripo in der Firma angerufen hat und nach mir sucht. Ich nehme mir vor, am Folgetag meinen Anwalt anzurufen und ihn zu fragen, was die Kripo von mir will. Vorerst will ich mir meine gute Laune nicht vermiesen lassen. Am Abend darf ich den Kindern wieder eine Geschichte vorlesen. Ich liege in der Mitte der Matratzen. Ivon sitzt auf meinem Rücken, links und rechts neben uns liegen Maria und Anna. Ich genieße es.

Auch am zweiten Morgen ist Annas Bett trocken. Wieder haben die Kinder ruhig geschlafen und wieder fällt mir auf, daß Maria immer noch davon spricht, daß wir beide einen Termin haben. Am Nachmittag erfahre ich, daß Ute mittlerweile per einstweiliger Anordnung das Aufenthaltsbestimmungsrecht bekommen hat, und ich mich nunmehr strafbar mache, wenn ich die Kinder nicht sofort zurückbringe. Es ist einfach unfaßbar. Mein Anwalt ist im Urlaub, daher spreche ich mit einem Vertreter.

Er versucht mich zu überreden, die Kinder zurückzubringen, aber ich werde nicht weich. Ich bitte ihn, dem Beschluß entschieden entgegenzutreten. Dann hat Anna plötzlich Heimweh. Sie legt sich aufs Bett und weint. Ich setzte mich neben sie und zeige ihr mein Verständnis. Ich gehe mit ihr gedanklich durch dieses Tal und lege ihr meine Hand auf den Kopf. Dann, als sie sich schon ein bißchen erholt hat, schlage ich ihr vor, der Mama einen Brief zu schreiben. Die Idee findet sie gut. Wir setzen uns zusammen hin und schreiben einen Brief.

Am Abend zeigt sich dann auch Maria traurig. Beim Schlafengehen gibt es noch einmal eine Diskussion. Anna erklärt:

»Papa, die Mama ist nicht krank, das weiß ich.«

»Vielleicht«, sage ich, »können du und ich das nicht wirklich wissen. Ich denke, das muß ein spezieller Arzt tun.«

»Aber sie ist nicht krank«, sagt sie und ich erwidere:

»Wenn dein Magen krank ist, dann mußt du spucken. Wenn dein Bauch krank ist, dann hast du Durchfall. Es gibt auch Krankheiten, die machen den Kopf krank. Dann kann man nicht richtig denken. Das merkt man aber nicht gleich. Es gibt kein Fieber und es tut nicht weh.«

Mit dieser Erklärung gibt sich Anna zufrieden. Die Kinder schlafen ein.

Kurz darauf rufe ich Christoph an. Er freut sich für mich und für die Kinder, daß sie sich so gut verhalten und alle meine Befürchtungen nicht eingetreten sind. Er erzählt, daß die Kripo dargewesen sei und eine Menge Fragen gestellt habe. Er beschreibt ihr Vorgehen als ›sehr massiv‹. Zwei Tage später spreche ich mit meinen Eltern. Auch bei ihnen ist die Kripo gewesen, sogar bei ihren Freunden.

Montag vormittag ruft die Anwaltskanzlei an. Sie seien soeben von der Gegenseite informiert worden, daß ein Haftbefehl gegen mich vorläge. Vergeblich warte ich auf einen Rückruf von Professor Lempp. Ich hatte ihm auf seinen Anrufbeantworter gesprochen, daß ich ihn mit den Kindern besuchen will. Professor Klosinski, den ich ersatzweise zu erreichen versuche, ist im Urlaub. Jetzt warte ich bereits den dritten Trag. Die Kinder bedrängen mich. Sie wollen nach Goudbol. Ich beschließe, auf dem Weg nach Holland bei Professor Lempp vorbeizufahren, und beginne, unsere Sachen zu packen. Wir verabschieden uns von Karen und fahren einer recht ungewissen Zukunft entgegen.

Prof. Lempp ist nicht zu Hause. Jetzt sehe ich nur noch eine Chance. Freunde von uns wohnen im Haus einer bekannten Psychiaterin in Köln. Vielleicht kann ich über sie kurzfristig etwas erreichen. Am späten Nachmittag sind wir in Köln und ich rufe Cliff an. Er erklärt, daß Joana und er bei Ute im Wort sind, sie sofort zu informieren, falls ich mich melde. Dann, nachdem ich meinen Standpunkt dargelegt habe, macht er einen guten Vorschlag. Er sagt:
»Wir wissen nicht, wer von euch beiden recht hat. Uns tun die Kinder leid, und wir können nichts anderes, als die Position der Kinder vertreten. Wenn du zu einem Kinderpsychologen willst, ist das sicher nicht zum Schaden für die Kinder, darum werde ich mich darum kümmern.«

Später sprechen wir wieder miteinander. Er hat einen Termin für den folgenden Tag. Die Praxis des Psychologen ist im gleichen Haus, daher meint Cliff:

»Wenn ihr danach noch auf eine halbe Stunde vorbeischaut, haben wir euch nicht gesehen.«

Danach rufe ich eine alte Freundin an. Wir haben uns seit fünfzehn Jahren nicht gesehen. Sie ist sofort bereit, uns zu beherbergen. Nach einem Besuch im Zoo fahren wir Dienstag nachmittag zu Herrn Dr. Wills. Auf der Fahrt schläft Ivon ein. Ich muß sie schließlich wecken. Sie kommt nur schwer zu sich. Zunächst unterhalte ich mich mit ihm allein, später kommen die Kinder dazu. Ich verabschiede mich dann für den Tag und wir verbleiben, daß ich ihn morgen zwecks einer Stellungnahme anrufen werde.

Am zweiten Abend bei meiner Bekannten gibt es eine lange und kontroverse Diskussion. Sie meint, ich solle die Kinder zu Ute zurückbringen. Der Abend endet mit einem Kompromiß. Ich will die Entscheidung von Dr. Wills abhängig machen, dessen Meinung ich noch nicht kenne. Am anderen Morgen bin ich auf dem Weg in die Stadt, als Maria mich plötzlich fragt:

»Stimmt es Papa, daß du als Gespenst in Annas Schrank gesessen hast?«

Schon wieder diese Geschichte. Ich wiederhole, was sie mir gesagt hat, und Anna springt darauf an. Sie sagt, sie hat Angst vor Gespenstern und einmal habe ihr Bett gewackelt, da habe sie Angst gehabt. Ich suche mir eine Haltemöglichkeit, stelle den Motor ab, greife zu meinem Diktiergerät und frage nach.

ICH: »Sag' mir noch mal! Du träumst immer, daß du ein Gespenst siehst?«

ANNA: »Ja Nachts.«

ICH: »Und einmal hat das Bett gewackelt?«

ANNA: »Einmal, und einmal habe ich ein Band gesehen, aber ich hab's wirklich gesehen. Das war erst so nah und da hab' ich mich so erschreckt. Da bin ich sofort weggegangen.«

ICH: »Mhm, so. Und was war mit dem Kleiderschrank, das habe ich immer noch nicht begriffen? Da hast du gedacht ein Gespenst sei im Kleiderschrank?«

ANNA: »Ja – nee – das war – ich saß mit der Cornelia auf der Treppe, wir haben die Mama schimpfen gehört. Erst hat sie gesagt: ›Kommst du jetzt 'raus, du Gespenst‹ und dann hat sie irgendwas 'rübergezogen und da hat sie gesehen, das warst du.«

ICH: »Und das hat die Mama so erzählt?«

ANNA: »Ja, das stimmt auch. Ich hab' ja – ich war ja auch dabei, aber ich hab' mich bloß versteckt.«

ICH: »Du hast sie beobachtet und du hast gesehen, daß ich aus deinem Kleiderschrank gekommen bin?«

ANNA: »Ja – und die Mama hat dann die Verkleidung 'runtergezogen.«

MARIA: »Ja, und das Gespenst war lila, schwarz, gelbe Augen, gell?«

ANNA: »Einmal – einmal – einmal – einmal hatte es so viel Streichhölzer und wollte das Haus anbrennen, und da hab' ich es verprügelt mit 'nem Stock, hihihihähä.«

MARIA: »Ja gell, wir beide?«

Ich weiß immer noch nicht, was ich mit der Geschichte anfangen soll. Ich war nie in Annas Schrank. Ich habe mich auch nie als Gespenst verkleidet. Annas abenteuerliche Geschichte beunruhigt mich. Wer zum Teufel ist Cornelia? Jetzt erzählt Anna das schon zum zweiten Mal. Hat Ute ihr das vielleicht eingeredet? Gegen Mittag rufe ich Dr. Wills an. Er meint:

»Zu der strafrechtlichen Komponente kann ich nichts sagen. Als Arzt kann ich feststellen, daß die Kinder schwer belastet sind, und wenn sich die Dinge so verhalten, wie Sie sie mir geschildert haben, dann sollten Sie die Kinder lieber nicht zurückbringen.«

Ich erzähle ihm, was ich gerade eben über das Gespenst erfahren habe, und er bekräftigt seinen Rat noch einmal. Die Würfel sind gefallen. Wir packen und machen uns auf den

Weg nach Goudbol. Die Kinder freuen sich. Meine Freude ist getrübt durch die Angst, daß wir Ute dort treffen könnten. Die Kinder sind jetzt seit einer Woche bei mir. Ute wird nicht zu Hause sitzen und Däumchen drehen. Auf Goudbol angekommen, möchten Anna und Maria sofort an den Strand. Den Wunsch erfülle ich ihnen gerne, denn ich möchte erst einmal Ellen und Axel anrufen. Axel sagt mir, daß Ute auf Goudbol ist. Ich hatte es geahnt.

»Paß auf«, sagt er, »sie ist mit Freunden in einem großen Wohnmobil hier. Kennst du jemanden mit einem Wohnmobil?«

»Ja«, antworte ich.

»Ein großer Schlanker und eine kleine Blonde?« fragt Axel.

»Ja genau!«

Er fährt fort: »Die sind vor einer Stunde hier gewesen. Sie erzählten, sie seien Freunde von euch und wollten wissen, ob ihr gerade hier Urlaub macht. Sie seien zufällig hier. Ich habe Ute nicht gesehen, aber ich denke, daß sie dabei ist. Ich habe gesagt, daß niemand hier ist, aber ich meine, er hat es nicht geglaubt. Die kommen bestimmt wieder.«

Ich verabschiede mich: »Danke Axel, ich werde mit den Kindern in ein Hotel fahren und rufe dich morgen wieder an.«

Meine Rechnung war nicht aufgegangen – ich hatte mir extra so viel Zeit gelassen, weil ich dachte, bis dahin sei Ute hier gewesen und wieder fort.

Wir übernachten in einem kleinen Hotel auf der anderen Seite der Insel. Am nächsten Tag signalisiert Axel, daß die Luft rein ist. Tatsächlich ist das Wohnmobil noch mehrmals am Haus vorbeigekommen und dann mit der letzten Fähre gefahren. Ellen hat sie beobachtet und auch Ute gesehen. Axel sagt:

»Wenn Ute etwas von mir will, dann soll sie mich ansprechen und nicht so ein seltsames Theaterstück vorführen.«

Ich beschließe, erst einmal eine Woche Urlaub zu machen.

Ich denke, wir haben ihn alle dringend nötig. Nur das Jugendamt rufe ich an und erkläre, daß ich aufgrund des Gesprächs mit einem Kindertherapeuten die Kinder zunächst nicht zurückbringen werde, und stelle ich in Aussicht, mich binnen einer Woche wieder zu melden.

In den wenigen Telefonaten, die ich führe, bekomme ich von allen Seiten seltsame Nachrichten. In unserem Gemeindeblatt hat die Kripo einen Artikel plaziert. Sie suchen dringend Zeugen für einen Fall von Kindesentziehung.

Christoph sagt, daß Beate und er beobachtet werden. Zum Glück wissen auch meine Freunde nicht, wo ich bin. Es fragt auch keiner nach, weil er dann der Polizei etwas sagen müßte. Nach einer Woche fange ich an, mich um unsere Belange zu kümmern. Mein holländischer Anwalt klärt mich auf, daß die Gemeindepolizei nichts gegen mich unternehmen wird, solange Ute kein niederländisches Dokument vorlegt. Aufgrund des deutschen Aufenthaltsbestimmungsrechts kann sie so etwas erwirken, aber das wird mindestens ein halbes Jahr dauern. Die Gemeinde ist bereit, uns Sozialhilfe zu gewähren, da wir alle Niederländer sind. Das größte Problem wird sein, eine Wohnung zu finden.

Wenige Tage später ruft mich De Wilde, mein holländischer Anwalt, an und erklärt, daß Dr. Reiter sein Mandat niedergelegt hat. Ich versuche ihn zu erreichen, aber er ist ständig im Ausland. Zwei Tage später, während ich mit den Kindern im Gras tobe, fragt Ivon, die mittlerweile ihr Schweigen ganz abgelegt hat:

»Was ist das, Papa?« und zeigt auf etwas Schwarzes.

»Das ist Asche«, erkläre ich, »da hat jemand ein Stück Pappe verbrannt.«

»Die Asche sieht ja aus wie die Asche von Annas Gespenst«, meint sie.

Schon wieder das Gespenst! Ich stelle mich dumm und frage:

»Was für ein Gespenst?«

»Anna hat das Gespenst aus ihrem Schrank verbrannt«, erzählt sie mir.
»Wie sah es denn aus?« frage ich sie.
»Etwa so groß«, sagt sie und zeigt fünfzig Zentimeter, »das war lila und schwarz.«
Damit ist das Thema für Ivon beendet.

Ich rufe Anna und Maria dazu und erfahre eine unglaubliche Geschichte. Mir ist klar, daß ich das festhalten muß, darum hole ich das Diktiergerät und lasse mir das Ganze noch einmal erzählen:
ICH: »Wo kam denn diese Puppe her? Aus dem Schrank?
ANNA: [nickt]
ICH: Aber irgend jemand muß sie doch auch in den Schrank 'reingetan haben.
MARIA: »Gespenster können doch durch die Wand.«
ICH: »Das Gespenst ist einfach durch die Wand 'reingekommen. Mhm. Und was die Frau Ismatis mit der Asche gemacht hat, ist ein Geheimnis?«
ANNA: [nickt] »Von uns beiden.«
ICH: »Und ihr wart alle dabei, wie ihr das auf der Terasse verbrannt habt?«
MARIA: [zeigt auf Ivon und sich] »Nur wir beide nicht.«
ANNA: »Nur die Cornelia, Silvias Kind, die ist schon groß, und ich und die Mama. Wir haben so'n großes Feuer gemacht [macht eine entsprechende Geste].
ICH: »Ah, ja. Die Cornelia war dabei...«
ANNA: »Da war ich noch im Schlafanzug und konnte gar nicht schlafen und da war Mitternacht und da durfte ich noch ein bißchen aufbleiben.«
ICH:»Und da hast du noch ferngesehen. Mitten in der Nacht?«
ANNA: »Ja, durft' ich. Weil ich konnte gar nicht schlafen. Ich hab' vielleicht eine Stunde da im Bett gelogen, geliegen...«
ICH: »gelegen«
ANNA: »gelegen und konnte gar nicht schlafen und da

hab' ich der Mama gesagt: ›Mama, ich kann überhaupt gar nicht schlafen!‹ und da durft' ich Fernseh' gucken mit der Mama und der Cornelia.«

ICH: »Und vorher hast du geschlafen?«

ANNA: [Verneinung:] »Um – um – um neun Uhr kam das Gespenst. Dann hab'n wir bis um elf Uhr, äh bis um elf Uhr das Feuer gemacht, das hat ganz lange gedauert, bis alles verbrannt war, und dann durft' ich noch'n bißchen Fernseh gucken, dann hab ich noch 'ne Stunde versucht zu schlafen, aber ich konnte nicht, und dann durfte ich mit der Mama und mit der Cornelia noch ein bißchen Fernseh gucken.«

MARIA: »Unter'm Gespenst warst – hat die Mama gesagt – warst du.«

ICH: »Unter dem Gespenst...«

MARIA: »Ja.«

ICH:» ...war ich, hat die Mama gesagt.«

MARIA: »Ja, sie hat die Verkleidung weg gerissen.«

Am Abend rufe ich Christoph an und erzähle ihm die Geschichte. Er meint:

»Es ist durchaus ein möglicher therapeutischer Ansatz. Wenn ein Kind ständig von Gespenstern träumt, kann man diese sozusagen real machen und verbrennen. Aber es ist eine Katastrophe für die Psyche der Kinder, dich mit dem Gespenst in Verbindung zu bringen.«

Am Tag darauf informiere ich das Jugendamt. Bei unserem Gespräch stelle ich fest, daß das Jugendamt bislang weder das Protokoll der zweiten Verhandlung noch die dazugehörigen Schriftsätze hat. Um die Kommunikation nach Deutschland zu verbessern, kaufe ich mir ein einfaches Faxgerät. Als erstes schicke ich dem Jugendamt ein Dokument, das Christophs Stellungnahme, die Briefe an den Richter sowie an Dr. Reiter und eine Beschreibung der augenblicklichen Situation enthält. Tags darauf rufe ich wieder an. Wir kriegen uns ordentlich in die Wolle. Sie machen mir Vorwürfe.

Ich antworte:

»Anstatt mir Vorwürfe wegen des Kindesentzugs zu machen, sollten Sie sich vielleicht an die eigene Nase fassen und fragen, inwieweit das Jugendamt zu dieser Situation beigetragen hat. Ich habe Sie bereits im Dezember letzten Jahres um Hilfe gebeten.«

Dann zähle ich noch einmal auf, was danach von Seiten des Jugendamts alles geschehen ist und meine:

»Seit Januar unterstützen Sie meine Frau in ihrem Bemühen, eine Klärung zu verhindern. Immer wieder wird von Ihrer Seite ein kinderpsychologisches Gutachten zum angeblichen sexuellen Mißbrauch abgelehnt. Wenn das Jugendamt sich nicht gesträubt hätte, wäre der Vorwurf längst aus der Welt. Ich mache leider die Erfahrung, daß man offenbar Brüste haben muß, um bei Ihnen ernst genommen zu werden.«

Moderater füge ich hinzu:

»Es macht doch keinen Sinn, daß wir uns gegenseitig Vorwürfe machen. Was in der Vergangenheit gelaufen ist, ist vorbei. Jetzt geht es darum, eine vernünftige Lösung zu finden. So wie die Situation im Augenblick ist, gefällt sie auch mir nicht, und das hat zwei Gründe: Zum einen sehen die Kinder ihre Mutter nicht und zum anderen sind sie nicht in ihrer gewohnten Umgebung. Beides ist eine Belastung. Ich möchte eine Lösung. Schließlich werfe ich meiner Frau seit Monaten vor, daß sie mir die Kinder vorenthält. Jetzt will ich nicht das gleiche tun.«

Ich schlage vor, daß das Aufenthaltsbestimmungsrecht an das Jugendamt geht und die Kinder bis zum Abschluß des Verfahrens bei Freunden untergebracht werden. Am anderen Ende wird es still. Man hält das für einen brauchbaren Vorschlag, den es mit dem Familiengericht zu besprechen gilt. Wir kommen endlich einen Schritt weiter.

Mit den Kindern bin ich, wann immer es das Wetter erlaubt, am Strand. Ivon ist inzwischen vollkommen verändert. Jetzt ist sie wieder vergnügt und spricht wie ein Wasserfall – ich bin so glücklich.

Leider kostet die Auseinandersetzung mit den Behörden

und Anwälten viel Zeit. Ich rufe daher meine Eltern an und bitte sie, für eine Woche zu kommen, um mir die Kinder stundenweise abzunehmen. Ich brauche ein paar Vormittage für Telefonate und Korrespondenz. Sie tun es gern. Die Abende benutze ich, um aufzuschreiben, was sich am Tag ereignete. Besonders erwähnenswert scheint mir eine Begebenheit mit Ivon.

Meine Eltern sind am Vormittag mit den Kindern in einem Spielwarengeschäft gewesen und haben ihnen Geschenke gemacht. Ich bin zwar der Meinung, daß die Kinder nichts dergleichen brauchen, aber ich denke auch, daß es das Privileg der Großeltern ist, so etwas zu tun. Mittags sitzen wir am Strand beisammen. Die Kinder sprechen von ihren Geschenken, vor allem aber von den Sachen, die sie außerdem noch gesehen haben und die sie nicht besitzen. Maria erkennt die Gunst der Stunde und meldet im Beisein meiner Eltern an, was sie sich zu Weihnachten wünscht. Ich amüsiere mich. Anna greift die Idee dankbar auf und beginnt ihrerseits Wünsche anzumelden. Schließlich heißt es:
»Ich krieg' vielleicht einen...«, sagt Anna.
»Oder wir kriegen...«, ergänzt Maria.
»Oder...«, meint wiederum Anna.
Das geht bereits eine ganze Weile, als Ivon, die bislang geschwiegen hat, meint:
»Oder eine neue Mama!«
Anna und Maria sind still. Meine Mutter, die gerade nicht aufgepaßt hat, fragt nach:
»Oder was?«
Ivon bleibt stumm. Sie schaut mich ein wenig fragend an und ich gebe ihr mit meinem Blick zu verstehen, daß ich sie gehört und verstanden habe. Es ist ein Blick von Bedauern und Verzweiflung, den ich mit einem leichten Kopfnicken verbinde. Meine Mutter wendet sich fragend an mich. Ich tue, als würde ich es nicht merken.

Ich bin mit meinen Gedanken woanders. Natürlich freue ich mich ein wenig, daß Ivon offenbar eine neue Mutter und nicht einen neuen Vater will, aber mir ist auch bewußt, daß ihre Aussage in der umgekehrten Situation vielleicht anders ausgefallen wäre. Das darf ich nicht überbewerten. Was mich wirklich betroffen macht, ist, daß sie begriffen hat: Ute und ich werden nie wieder zusammenkommen. Ich nehme an, daß in Ivons Kopf sehr viel mehr vorgeht, als sie preisgibt. In ihrer Körpergröße ist sie auffallend zurückgeblieben, bei ihrem Verhalten und ihren Ausdrucksmöglichkeiten bin ich mir schon lange nicht mehr sicher. Jetzt muß ich annehmen, daß sie sich einfach zurückgehalten hat.

Tags darauf erreicht mich Professor Lempps Gutachten zum Thema KOBRA. Er schreibt, daß KOBRA, aufgrund ihres Anspruches, als Schutzinstanz für die Mädchen zu agieren, von vornherein eine Polarisierung der Familie in Kauf nimmt und die Beziehung zum Vater negativ besetzt. Die therapeutische Aufarbeitung eines stattgefundenen oder nur unterstellten Mißbrauchs stelle auf jeden Fall eine Belastung dar; deren Ausmaß hänge ganz wesentlich von der Haltung der Mutter ab. Die Frage des Gerichts, ob die Behandlung bei KOBRA für Anna schädlich sei, könne er nicht beantworten, da es von KOBRA keine Auskünfte gibt.

Na schön, denke ich mir. Das ist wachsweich. Mit der gleichen Post erhalte ich auch Dr. Wills Stellungnahme aus Köln. Er schreibt in seinem Kurzgutachten: ›Herr Alteck erschien mir als ein Vater, der verantwortungsbewußt, liebevoll und auch souverän mit seinen Kindern umging. Das jüngste Kind imponierte als in seinen Verhaltensmöglichkeiten eingeschränkt. Das mittlere Kind erschien mir als das 'ungestörteste' der Drei, während sich das Ältere sehr expansiv und Grenzen überschreitend verhielt. Es war nicht zu beobachten, daß eines der Kinder irgendeine Angstreaktion auf den Vater zeigte. Durch ihr Grenzen überschreitendes Verhalten ist aber nachvollziehbar, daß das Älteste unter Angstvorstellungen leiden könnte. Ich würde es für dringend erforderlich halten, daß die Herkunft dieser Angstreaktionen bei der Ältesten psychologisch eingehend untersucht werden.‹

Am Abend habe ich eine interessante Diskussion zu diesem Thema mit Axel. Ich erzähle von KOBRAs Ansatz, mit anatomischen Puppen zu spielen, und sage:

»Ich denke, das ist Kombinatorik. Wie lange muß ich Kinder mit nackten Puppen spielen lassen, bis daß – zufällig oder auch nicht – die Hand der einen Puppe an ein Geschlechtsorgan der anderen Puppe geführt wird?«

Axel gibt mir recht, er sagt:

»Das mit den Puppen ist totaler Unsinn. Bei uns ist das seit Jahren verboten, weil es zum Ende der 70er Jahre einen Skandal gegeben hat. Da war so eine Gruppe, die haben diesen Ansatz aus den USA mitgebracht und das in einer Schulklasse ausprobiert. Es kam dabei heraus, daß angeblich weit über die Hälfte der Mädchen sexuell mißbraucht waren. Die sind dann zum Teil von der Polizei aus dem Elternhaus fortgeholt worden, und schließlich stellte sich heraus, daß nicht ein einziges Kind sexuell mißbraucht worden war.«

Während im Ausland die Dinge bereits seit Jahren abgehakt sind, äußern sich in Deutschland selbst renommierte Kinderpsychiater noch positiv. Das paßt in mein Bild, daß Sexualaufklärung in der Bundesrepublik nicht mehr als ein Wort ist. Ob Abtreibung oder Aidsaufklärung, in Deutschland wird nur gestritten, statt zu handeln. Die Diskussion ist wichtig, aber man muß auch einmal zu einer Entscheidung kommen, und es ist sicher nicht verkehrt, einmal über die eigenen Staatsgrenzen hinauszuschauen.

Ich frage Axel, was ihn so sicher macht, daß ich meine Tochter nicht sexuell mißbraucht habe, und er antwortet ehrlich:

»Natürlich habe ich mir Gedanken darüber gemacht. Ich habe besonders Anna in den ersten Tagen hier sehr sorgfältig beobachtet. Und dann habe ich ein paar Dinge ausprobiert, die ich kenne. Anna ist mit Sicherheit nicht von dir mißbraucht.«

»Wärst du bereit, eine Stellungnahme abzugeben?« frage ich ihn.

»Ja klar«, ist seine Antwort.

Anderntags gibt er mir einen Brief: Er erklärt, daß er uns seit Jahren kennt, daß er selbst Pädagoge ist und Direktor einer staatlichen Einrichtung, deren Aufgabe es ist, bei pädagogischen und didaktischen Problemen den Lehrern, Schülern und Eltern Hilfe zu geben. In seiner Arbeit habe er auch mehrfach mit sexuell mißbrauchten Kindern zu tun gehabt, weshalb er insbesondere Anna sorgfältig beobachtet habe und auch Methoden ausprobiert habe, die er aus seiner Erfahrung und Ausbildung kenne. Keines der Kinder zeige irgendwelche Abwehrreaktionen bei körperlichem Kontakt. Auch die für sexuell mißbrauchte Kinder typische Versteifung, wenn man sie fest umarmt, war weder in der Vergangenheit noch in diesem Jahr festzustellen. Ferner schreibt er:

›Ivon, die jüngste Tochter, war in der Vergangenheit eher zurückhaltend und sprach wenig. In diesem Jahr habe ich Ivon zu Beginn genauso erlebt. Dabei fielen mir besonders ihre Augen auf, deren Blick man als nach innen gerichtet beschreiben kann. Binnen einer Woche veränderte sich ihr Verhalten und auch der Ausdruck ihrer Augen. Sie ist aufgetaut und spielt ebenso wie die anderen Kinder. Zum ersten Mal erlebe ich, daß ich mit ihr auch sprechen kann, wohingegen sie im letzten Jahr die verbale Kommunikation verweigerte. Ich konnte beobachten, daß sie sowohl mit meiner ganzen Familie, als auch mit ihren Großeltern, die für ein paar Tage hier waren und die sie seit zwei Jahre nicht gesehen hatte, normal sprach; daß sie auch selbst die Initiative ergriff und ihre Position vertrat.

Eingedenk der Tatsache, daß die definitive Diagnose oder der Ausschluß von sexuellem Mißbrauch sehr schwierig ist, konnte ich mir damals und kann ich mir auch heute, so wie ich die Kinder mit ihrem Vater erlebe, nicht vorstellen, daß er die Kinder mißbraucht haben könnte, da ich fröhliche, lebhafte und spontane Kinder sehe. Falls erforderlich, bin ich gerne bereit, diese Aussagen mündlich zu erklären oder zu wiederholen.‹

Auch diese Stellungnahme schicke ich dem Jugendamt. Wenige Tage später haben wir erneut ein Telefonat. Frau Voß informiert mich, daß das Familiengericht meinem Vorschlag zugestimmt hat, Ute aber die Unterbringung bei Freunden ablehnt. Somit sehe sie nur die Möglichkeit eine Fremdunterbringung. Ich erbitte mir dafür Bedenkzeit. Wieder und wieder gehe ich in Gedanken das Für und Wider durch: Kinderheim bedeutet heutzutage eine Wohngruppe von 7–9 Kindern, die von ausgebildeten Kräften betreut werden. Für die Kinder ist das sicher besser, als bei Ute zu sein, aber ich will meine Kinder nicht fortgeben. Es gibt keinen Grund, nicht in Holland zu bleiben, oder doch? Wenn wir bleiben wollen, dann müssen die Kinder hier zur Schule. Ich weiß, daß sie das nicht wollen. Ich habe es bereits einmal ganz vorsichtig angesprochen. Sie haben Heimweh nach allem, was ihnen vertraut ist. Nach der Mama, der Katze, ihren Spielsachen und der Schule; auch nach ihren Freunden. Aber dies alles haben sie auch bei einer Fremdunterbringung nicht. Der einzige Unterschied wäre, daß sie beide Eltern sehen können, und daß der Straftatbestand des Kindesentzugs aus der Welt wäre. Ich könnte mich in den Bauch beißen, schließlich war es meine Idee. Jetzt hat das Gericht zugestimmt und ich sitze in der Falle. Wenn ich glaubwürdig bleiben will, muß ich die Kinder zurückbringen.

Meine Unruhe überträgt sich auf die Kinder. Am Abend liest Anna in einem Kinderbuch, als sie plötzlich wieder traurig ist. Ich sage zu ihr:

»Du bist traurig, weil Mama und ich uns nicht mehr lieb haben?«

Sie bejaht es spontan. Offenbar fällt es ihr schwer, von sich aus dieses Thema anzuschneiden. Sie scheint froh zu sein, daß ich es mache. Jetzt will sie wissen:

»Wie lange dauert es noch, bis daß die Mama beim Arzt war?«

Ich antworte: »Sehr lange, fürchte ich, mein Schatz.«

Sie weint.

»Du weinst, weil du die Mama nicht siehst?« sage ich.

»Ja, ich hab' auch immer geweint, als ich dich nicht gesehen habe«, schluchzt sie.

»Ich weiß, daß du uns beide lieb hast, Anna, und auch wir haben dich beide lieb. Darum ist es so schlimm, daß die Mama nicht will, daß ich euch sehe. Ich weiß nicht, woran das liegt. Vor langer Zeit wollte die Mama plötzlich nicht mehr, daß euch die Velburg-Oma und der Velburg-Opa sehen, jetzt will sie nicht mehr, daß ich euch sehe.«

»Du sollst bei mir bleiben«, sagt sie.

»Du magst nicht allein schlafen«, wiederhole ich.

»Nein, zu Hause schlafe ich immer bei der Mama, weil ich Angst vor Gespenstern habe. Einmal hat jemand was zu mir gesagt und einmal war ein Band an der Lampe und einmal ist der Hamster heruntergefallen und einmal ist die Balkontüre aufgegangen.«

»Da hast du dich gefürchtet«, gebe ich zu verstehen.

»Ja, seitdem schlafe ich bei der Mama«, sagt sie.

Dann fragte sie mich:

»Du Papa, was war das Schlimmste, was du als Kind je erlebt hast?«

Ihre Traurigkeit ist vorbei, aber sie ist sehr ernst. Ich überlege, worauf die Frage wohl abzielt und frage mich, was Anna im Augenblick wohl am meisten bewegt, womit ich ihr das größte Verständnis signalisieren könnte. Ich entscheide mich, das Gespräch in Richtung Vertrauen zu lenken und erzähle:

»Das Schlimmste war, daß ich mich einmal mit einem Schulkameraden ganz fürchterlich gestritten habe und mir niemand glauben wollte, daß er angefangen hat.«

»Weißt du, was mein Schlimmstes ist?« fragt sie und fährt fort: »Ich habe 'mal Babysitter gemacht, als die Mama nicht da war. Und da hat es, als die anderen beiden schon eingeschlafen waren, so ein Geräusch gegeben; ein ganz komisches Geräusch, und da hab' ich Angst gehabt. Und da bin ich 'rausgelaufen, aber die Mama war noch nicht da. Und dann bin ich immer auf der Straße auf- und abgelaufen, ganz alleine, aber die Mama ist nicht gekommen. Und dann ist mir eingefallen, daß Herr Schmauderer bei der Polizei ist. Und dann hab' ich geklingelt und alles erzählt und dann ist er mitgegangen und hat auf uns aufgepaßt. Wir sind überall im Haus gewesen und haben geguckt und an der Heizung war ein rotes Licht. Da war wohl die Heizung angesprungen.«

Dann erzählt sie mir vom Reiten. Ich höre ihr noch eine Weile interessiert zu und lasse sie dann mit den schönen Gedanken dazu allein, damit sie bald schläft.

In einem Telefonat mit Christoph erzählt er mir, daß Silvia Thiem, Cornelias Mutter, ihn angerufen habe. Offensichtlich haben Thiems es sich zur Aufgabe gemacht, Ute zu helfen. Von den Kindern weiß ich, daß Silvia im Frühjahr mit ihnen zusammen auf Las Palmas war.

»Und? was sagte sie?« frage ich.

»Du«, antwortet Christoph, »sie ist halt überzeugt, daß du die Kinder mißbraucht hast und dabei derart verbohrt, daß ich es nach kurzer Zeit aufgegeben habe, mit ihr zu sprechen. Ich habe sie gefragt, was sie so sicher macht, daß die Kinder mißbraucht sind. Sie erzählte, daß die Kinder auf den Kanaren jede Nacht geweint haben. Das hätte Cornelia, ihre sexuell mißbrauchte Tochter, auch getan. Ich habe sie gefragt, ob sie glaubt, daß jedes Kind, das nicht durchschläft und nachts weint, sexuell mißbraucht worden ist? Darauf kam von ihr: Ja – nein, – aber wenn das so ist, wie bei den Dreien, dann sei sie ganz sicher.«

Ich beende das Gespräch, weil ich mich nicht mehr konzentrieren kann. Was macht Ute, daß die Kinder selbst in den Ferien jede Nacht weinen? Wieso glaubt mir niemand? Seit drei Wochen sind die Kinder bei mir. In der ganzen Zeit kam Maria einmal morgens um fünf zu mir und sagte, sie hätte geträumt und wolle bei mir schlafen, und einmal wachte Anna nachts auf und weinte. Als ich zu ihr ging, erzählte sie mir, daß sie geträumt habe, die Ziege sei hinter ihr her. Das war am Tag zuvor tatsächlich passiert.

Nach vielen Diskussionen entschließe ich mich, die Kinder auf eine Fremdunterbringung vorzubereiten. Dazu gehe ich mit ihnen zum Strand.

»Ich möchte etwas mit euch besprechen«, fange ich an.

»Ihr habt mitbekommen, daß ich in den letzten Tagen sehr viel telefoniert habe. Es ging darum, was wir alle in Zukunft machen. Es gibt zwei Möglichkeiten: die eine ist, wir bleiben noch eine Weile zusammen hier auf Goudbol und ihr geht auch hier in die Schule und den Kindergarten, könnt aber leider in dieser Zeit die Mama nicht sehen, oder wir fahren zurück nach Deutschland und ihr geht in ein Kinderdorf, da können euch Mama und ich besuchen.«

»Was ist ein Kinderdorf?« will Maria wissen.

Wir unterhalten uns sehr lange. Wie ich angenommen hatte, ist die Schule der wichtigste Aspekt. Anna will unbedingt in ihre Schule. Nur das Argument, die Mama zu sehen, und dafür vielleicht für eine Weile auf eine andere Schule zu gehen, vermag sie positiv auf eine Fremdunterbringung einzustellen. Maria ist, wie fast alle Erstkläßler, ganz wild auf die Schule. Da sie auf Annas Einschulungsfeier dabei gewesen ist, hat sie schon sehr genaue Vorstellungen. Um nichts in der Welt ist sie bereit, darauf zu verzichten. Auch sie will in ihre Schule, das heißt die Waldorfschule.

»Ich habe eine Idee, Maria«, sage ich, »was hälst du davon, wenn du die Einschulungsfeier in der Waldorfschule mitmachen darfst und danach für ein paar Wochen auf die Schule beim Kinderdorf gehst und schließlich zu deinen Klassenkameraden in die Waldorfschule zurückkommst?«

Damit ist sie einverstanden.

Am gleichen Abend schreibe ich dem Jugendamt: ›Nach vielen qualvollen Stunden, hier meine Stellungnahme: Ich selbst habe im Januar die Fremdunterbringung vorgeschlagen. Damals war die Situation eine andere. Zu diesem Zeitpunkt waren die Kinder bei meiner Frau und die Fremdunterbringung hätte eine Verbesserung des Zustandes bedeutet. Heute sind die Kinder bei mir und ich bin sicher, daß die Fremdunterbringung eine Verschlechterung der Lebenssituation ist, daß heißt, eine zusätzliche und unnötige Belastung darstellt. Mir ist es gelungen, den Kindern für die vorübergehende Unterbringung im Kinderdorf Marienpflege zu gewinnen. Maria habe ich zugestanden, daß sie die Einschulungsfeier an der Waldorfschule mitmachen darf. Ich bitte sie dringend, mir in diesem Punkt nicht in den Rücken zu fallen – für das Kind würde eine Welt zusammenbrechen.

Ich kann und ich werde sie nicht bitten, meine Kinder dort unterzubringen, aber ich werde mich der Entscheidung nicht widersetzten. Mir ist es gelungen, die Kinder positiv einzustimmen. Schwester Thekla möge mir verzeihen, daß ich, um die Sache ein wenig interessant zu machen, gesagt habe, daß dort Frauen herumlaufen, die wie Pinguine aussehen...‹

Am Vorabend unserer Heimreise diskutiere ich noch einmal mit Ellen, Axel und zwei weiteren Freunden. Ich fühle mich ganz elend. Ich will die Kinder nicht zurückbringen, ich will sie nicht in ein Heim geben. Wir sind hier alle so glücklich miteinander, und doch, wenn ich jetzt hier bleibe, dann habe ich gegenüber dem Gericht verspielt. Falls das Gutachten dem Richter einen Ermessensspielraum läßt, dann wird er ihn nicht zu meinen Gunsten auslegen. Es ist die schwerste Entscheidung meines Lebens. Die halbe Nacht gehe ich auf der Straße auf und ab. Seit vier Wochen sind die Kinder bei mir. Niemand hat uns gefunden, niemand wird uns finden. Die Kripo sucht seit vier Wochen vergeblich. Wir sind sicher. Warum habe ich das angestoßen?

Einen Tag später: Wir packen und machen uns auf den weiten Weg. Ich verberge meine Angst vor der Grenze. Ich weiß, daß mein Fahrzeug zur Fahndung ausgeschrieben ist. Zum Glück weiß niemand, wann ich komme. Ich bin sicher, wenn Ute eine Ahnung hätte, würde sie die Grenze informieren, um mir eine Verhaftung nicht zu ersparen. Wir können aber ohne Kontrolle passieren – das ist geschafft.

Die Kinder sind sehr lieb. Die lange Fahrt verläuft ohne

Gezänk oder Gejammer, obwohl es unerträglich heiß ist. Heute abend werden wir bei einer Kollegin übernachten. Morgen um zehn Uhr soll ich die Kinder beim Jugendamt abgeben. Von dort werden sie in Begleitung von Frau Voß und Ute ins Haus Marienpflege nach Ellbach fahren. Ich weiß nicht, ob ich damit nicht einen Fehler mache, ob es nicht besser wäre, die Kinder selbst nach Ellbach zu bringen. Die jetzt gefundene Lösung hat das Jugendamt vorgeschlagen. Ich denke, wenn sich die Kinder dort nicht schicken, dann ist mir lieber, daß Ute sie dort hingebracht hat; dann werden sie ihr einen Vorwurf machen.

Am nächsten Morgen kann ich meine Unruhe kaum noch verbergen. Nach dem Frühstück machen wir uns auf den Weg. Es ist, als ob ich zum Galgen geführt werde. Ich will meine Kinder nicht fortgeben. Beim Jugendamt warten wir im Vorraum. Frau Voß kommt, und wir lassen die Kinder allein.

In ihrem Büro gibt es ein kurzes Gespräch. Sie informiert mich, daß ich mich bitte mit der Kripo in Verbindung setzen soll. Dann reden wir über das Kinderdorf in Ellbach. Ich frage sie, wann ich die Kinder das erste Mal besuchen kann. Frau Voß druckst herum und sagt:

»In einem Monat!«

Ich entgegne entsetzt: »Was soll das heißen – in einem Monat? Sie haben mir zugesagt, daß beide Eltern die Kinder einmal in der Woche besuchen können.«

»Ja«, meint sie, »das geht leider nicht.«

Ich brause auf, werfe ihr vor, daß sie mich belogen hat. Ich bin stocksauer und lasse sie das spüren. Nur meine gute Erziehung verhindert einen Eklat. Ich habe es gewußt! Es war falsch, zurückzukommen. Jetzt habe ich keine Chance mehr auszuweichen. Mit einer Handbewegung schiebe ich ihr das Formular über den Tisch, das ich für die Überstellung unterschreiben sollte.

»Das unterschreibe ich nicht, auf gar keinen Fall. Ich will nicht, daß meine Kinder in ein Kinderheim kommen. Es ist die schlechteste von allen denkbaren Lösungen. Ich bereue jetzt schon, daß ich die Kinder zurückgebracht und Ihnen vertraut habe. Ab jetzt wird mein ganzes Bestreben sein, die Kinder so schnell wie möglich wieder aus Ellbach zurückzuholen. Ich werde die Kinder da herausholen und es wird mir gelingen, denn meine Unterschrift haben Sie nicht.«

Damit ist unser Gespräch beendet.

Dann ist es Zeit, die Sachen der Kinder aus dem Auto zu holen und Abschied zu nehmen. Als ich mit der letzten Tasche die Treppe heraufkomme, kann ich meine Tränen kaum noch verbergen. Frau Voß beobachtet mich, wie ich mich von den Kindern verabschiede. Anna und Maria sind tapfer. Die Kinder wissen, daß Ute bald kommen wird. Ivon ist wieder vollkommen in sich zurückgezogen. Sie läßt sich drücken, bleibt passiv. Ich stehe auf und drehe mich um. Dicke Tränen kullern über meine Wangen und fallen auf den Boden. Nach zwei Schritten bin ich im Treppenhaus und um die Ecke. Es ist schrecklich.

Später, als ich mich wieder beruhigt habe, rufe ich die Kripo an. Herr Vögele bittet mich, ihn persönlich zu besuchen und mich zu stellen. Zehn Minuten später bin ich bei ihm. Man eröffnet mir, daß ich nun vorübergehend festgenommen bin, und umgehend dem Haftrichter vorgeführt werden soll. Auf dem Tisch liegt die dicke Ermittlungsakte. Darauf angesprochen erklärt Herr Vögele:

»Wir haben schließlich vier Wochen nach Ihnen gesucht. Wo waren Sie denn wirklich?«

»Auf Goudbol«, antworte ich.

»Das haben wir vermutet«, sagt er und fährt fort, »und da hat Sie nie ein Kollege aufgesucht?«

Ich schüttele den Kopf.

»Mit der Amtshilfe ist es wohl nicht so weit her«, meint er. Dann fragt er mich, ob ich zu dem mir zur Last gelegten Delikt eine Aussage machen will und klärt mich über meine Rechte auf. Ich will aussagen. Wir suchen uns einen anderen Raum und eine Schreibkraft. Nach vielleicht vierzig Minuten sind die sechs Seiten getippt. Ich habe die Gesamtsituation vor dem Kindesentzug dargestellt und erklärt, daß ich die psychische Belastung der Kinder nicht länger hinnehmen wollte.

Nun denke ich, ist es an der Zeit selbst einmal ein paar Fragen zu stellen.

»Was haben Sie denn in dieser Zeit wirklich herausgefunden?« Er ist ein wenig still und nachdenklich. Dann sagt er mir in etwas ernsterem Ton als zuvor:

»Ich kann, ich darf Ihnen dazu nichts sagen; nur soviel vielleicht: Sie haben einen ausgezeichneten Leumund. Wir haben ein völlig anderes Bild von Ihnen ermittelt, als Ihre Frau uns vermittelt hat.«

Dann fahren wir gemeinsam zum Haftrichter. Die Polizisten verzichten darauf, mir Handschellen anzulegen. Der Haftrichter empfängt uns in Bermudashorts. Das ist der Temperatur angemessen, irritiert mich aber. Er überfliegt das Protokoll und meint schließlich vorwurfsvoll, ich hätte mich doch an das Jugendamt wenden können, worauf ich ihm, in ebenso scharfen Ton entgegne, daß ich dieses bereits im Dezember getan habe und erleben mußte, daß die Jugendamtsmitarbeiter ihre Arbeit nicht machen. Er ist etwas verunsichert und sagt, ich hätte in diesem Fall doch vielleicht das Aufenthaltsbestimmungsrecht für mich beantragen sollen. Ich gehe aufs Ganze:

»Das bekommt man in Deutschland nur, wenn man Brüste hat.«

Er fragt gereizt: »Wie meinen Sie das?«

»Nun«, sage ich, »als meine Frau im Frühjahr für zwei Wochen mit unseren Kindern verschwand, habe ich mit meinem Anwalt darüber gesprochen. Mein Anwalt hat mir dringend davon abgeraten und erklärte, daß dieser Antrag mit Sicherheit kostenpflichtig zurückgewiesen wird.«

Der Haftrichter ist still, er widerspricht mir nicht. Er fragt, wo ich in Zukunft wohnen werde und erklärt dann, daß er den Haftbefehl mit der Auflage, mich innerhalb von zwei Wochen an meinem neuen Wohnsitz anzumelden, aussetzen wird. Darüber hinaus verfügte er eine Meldeauflage. Das bedeutet, daß ich mich in Zukunft einmal in der Woche auf der Polizeidienststelle vorstellen darf. Man muß im Leben alles einmal mitgemacht haben, denke ich. Wir stehen bereits wieder in der Tür, als ich endlich meinen Haftbefehl ausgehändigt bekomme.

Am Abend versuche ich, Ute zu erreichen. Ich möchte wissen, wie die Kinder in Ellbach angekommen sind und welchen Eindruck sie von dem Kinderdorf hat, aber ich erreiche sie nicht. Wenig später fahre ich selbst in den Kalkweg. Ute ist nicht dort. Das Haus und der Garten sehen ziemlich verwahrlost aus. Überall steht Unkraut. Es sieht aus, als ob hier seit Wochen niemand mehr lebt. Am Montag morgen versuche ich wiederum sie zu erreichen – ergebnislos. Dann rufe ich beim Jugendamt an. Ich erfahre, daß sie in Ellbach ein Gespräch mit der betreuenden Schwester Thekla und einer Psychologin hatten. Über den Inhalt will Frau Voß mir nichts sagen. Ich bin stocksauer. Ich spüre, wie sie versucht, mich auszugrenzen. Ich frage sie, was Ute zu der Gespensterverbrennung gesagt hat.

»Ich habe Ihre Frau nicht darauf angesprochen«, sagt sie.
Ich glaube es nicht.
»Wie bitte? Sie haben meine Frau nicht darauf angesprochen?« wiederhole ich.
»Ja«, meint sie, »darum geht es ja nicht. Sie, Herr Alteck haben die Kinder entführt und es ist allerhöchste Zeit, daß die Kinder wieder zur Ruhe kommen.«
»Frau Voß, meinen Kindern ging es in den letzten drei Wochen sehr gut. Es gab keine Unruhe. Ich habe Ihnen ausführlich beschrieben, wie es den Kindern ging und auch, daß Ivon redet wie ein Wasserfall. Ich möchte mit Ihnen diesbezüglich ein Gespräch, da wir uns Freitag nur kurz unterhalten haben. Ich schlage vor, daß Sie zu diesem Gespräch auch Frau Barden vom Kinderschutzbund einladen, bei der Ivon seit Monaten

in Spieltherapie ist. Ich möchte Ihnen einen Videofilm vorführen, den ich auf Goudbol gemacht habe. Ich denke, es könnte interessant sein zu hören, was Frau Barden, die Ivon gut kennt, dazu sagt.«

Sie lehnt es ab, Frau Barden einzuladen oder sich einen Film anzuschauen und verweist mich an Frau Meier-Theurer, die jetzt die Zuständigkeit übernommen hat.

August 1992 –
Chaos / Tagebuch / Dritte Verhandlung

Am Dienstag kann ich Ute immer noch nicht erreichen. Gegen Mittag rufe ich Schwester Thekla in Ellbach an und erkundige mich nach meinen Kindern. Sie hat eine sympathische Stimme, ist aber äußerst zurückhaltend. Ich habe den Eindruck, daß sie mir etwas verschweigt oder nicht mit mir reden will. Sie sagt, daß sich die Kinder nicht wohl fühlen und sehr viel weinen. Ich bin verzweifelt. Doch all mein Nachfragen hilft nicht, mehr will sie mir nicht sagen. Ich solle mich bitte mit allen Fragen an das Jugendamt wenden.

Den ganzen Nachmittag versuche ich Frau Meier-Theurer zu erreichen. Um vier Uhr gelingt es mir endlich. Ich erzähle ihr, daß es meinen Kindern offenbar schlecht geht und ich nicht akzeptiere, daß wir erst in einer Woche darüber reden sollen. Sie läßt sich auf keine Diskussion ein und verweist auf ihren Feierabend.

Ich fahre zu meinen Freunden Christel und Hilmar und weine mich aus. Da kommt Marita, unsere frühere Babysitterin, und bringt mir einen Brief für das Jugendamt. Sie schreibt, daß sie als langjährige Babysitterin immer wieder erleben mußte, daß Ute unbegreiflicherweise im Beisein der Kinder äußerst negativ sowohl von meinen Eltern als auch von mir gesprochen hat. Außerdem beschreibt sie, wie sie mich das erste Mal mit den Kindern erlebt hat, als Ute zur Kur war: ›Ich war in dieser Zeit ein oder zweimal bei Altecks. Eigentlich war meine erste Aufgabe als Babysitter von Frau Alteck immer die Wiederherstellung der Zugangswege zu den Kinderzimmern gewesen. Bei meinem ersten Besuch während ihrer Abwesenheit wurde ich von einer ordentlichen heimischen Atmosphäre empfangen, die ich nie zuvor in diesem Haus empfunden hatte. Zwischen Vater und Kindern herrschte eine vollkommene Harmonie. Schon früher war mir aufgefallen, daß zwischen ihnen eine besondere Beziehung bestand, so richtig gesehen hatte ich sie nie, aber jetzt sah ich etwas, was mir an meiner eigenen Vater-Tochter Beziehung immer gefehlt hatte: Ein Vater, der sich aufmerksam um seine Kinder kümmerte und dabei ruhig und besonnen war.‹

Dann schildert sie, daß ihr das Babysitten bei Ute zur Qual wurde, da sie immer weniger mit Utes Ansichten über Kindererziehung und über das Leben zurechtkam. Die Diskussionen seien ihr regelrecht aufgezwungen worden, und das habe dazu geführt, daß sie nicht mehr zu uns kommen wollte.

Mir stehen Tränen in den Augen. Es ist gar nicht zu beschreiben, was ich empfinde. In dieser Zeit, wo ich von so vielen schief angeguckt werde, tut es so unendlich gut, nicht allein zu wissen, daß ich ein guter Vater war, sondern zu erfahren, daß ich auch von anderen so wahrgenommen wurde. Ich nehme Marita in den Arm. Es ist ihr anzusehen, wie sie mit mir leidet. Sie hat ja so recht, aber es interessiert leider niemanden.

Mittwoch vormittag sitze ich in der Firma und starre die Wände an. Ich kann mich auf nichts konzentrieren. Die Kinder gehen mir nicht aus dem Kopf. Um zwei Uhr ruft mich Frau Meier-Theurer an und fragt, ob ich in einer halben Stunde zu einem Gespräch bei ihr sein kann. Beim Jugendamt werde ich von ihr und von ihrer Vorgesetzten, Frau Tauber empfangen. Sie bieten mir etwas zu trinken an, offenbar stellen sie sich auf ein längeres Gespräch ein. Ich bin entschlossen, erst einmal zuzuhören.

Frau Tauber ergreift das Wort und erklärt mir, daß sich die Kinder in Ellbach nicht wohl fühlen; sie weinen, nässen ein und schreien unentwegt nach der Mutter. Im gleichen Moment fange ich an zu weinen. Dann fährt sie fort:

»Wir haben aus diesem Grund, nach Rücksprache mit dem Richter heute morgen Ihre Frau gebeten, die Kinder wieder abzuholen.«

»Sie haben was?« frage ich ungläubig, weil ich meine, mich verhört zu haben.

»Die Kinder sind wieder bei ihrer Mutter«, sagt Frau Tauber.

Ich bin sprachlos, gelähmt, verwirrt. Mein Magen verkrampft sich.

Das sich daraufhin entwickelnde Gespräch dauert zweieinhalb Stunden. Im Ergebnis zeigt es mir, daß das Jugendamt weiterhin nicht bereit ist, auch nur in Erwägung zu ziehen, daß die Kinder bei Ute gefährdet sind.

»Wenn es überhaupt eine Gefährdung gibt, was wir nicht sehen, dann ist diese auf jeden Fall geringer als die Gefährdung durch sexuellen Mißbrauch«, sagt Frau Meier-Theurer.

»Aber es gab und gibt keinen sexuellen Mißbrauch«, ist meine Antwort.

»Das können wir nicht klären«, ist ihre lapidare Erwiderung.

Ich sage: »Dann hoffe ich, daß Sie mich wenigstens bei der Klärung unterstützen werden. Wie lange sollen wir denn noch darüber reden. Ich werde mich erneut mit der Bitte um ein kinderpsychologisches Gutachten an das Gericht wenden und ich erwarte Ihre Unterstützung!«

Schließlich will ich wissen:

»Sind die Kinder jetzt wieder in Ebingen?«

»Nein«, antwortet Frau Tauber, »Ihre Frau beabsichtigt nicht, wieder in den Kalkweg zurückzugehen.«

»Wo sind sie dann?«

»Es tut mir leid, Herr Alteck«, ist die Antwort, »das werde ich Ihnen nicht sagen. Das haben wir mit Ihrer Frau entsprechend vereinbart.«

»Was wird aus den Besuchskontakten?« frage ich und bekomme zur Antwort:

»Das müssen Sie vor Gericht klären.«

Die anwaltliche Vertretung macht mir Sorgen. Seit geraumer Zeit frage ich mich, ob ich Dr. Reiter bitten soll, das Mandat wieder aufzunehmen. Er ist sehr viel unterwegs und daher oftmals tagelang nicht erreichbar. Ich überlege, mir einen anderen Anwalt zu nehmen.

Am späten Vormittag fahre ich zur Staatsanwaltschaft, um eine Selbstanzeige zu machen. Am Eingang sitzt ein freundlicher Justizbeamter hinter einer gigantischen Panzerglasscheibe.Ich bringe mein Anliegen vor und werde, nachdem ich meinen Paß abgegeben habe, an einen Herrn in Zimmer sowieso verwiesen. Zunächst erkläre ich die Situation, um dann hinzuzufügen, daß mein Anwalt mir wiederholt von einem Strafantrag wegen Verleumdung abgeraten hat.

»Er hat recht«, sagt der Staatsanwalt, »eine Strafanzeige würde den Fall nicht beschleunigen, da die Schuldfähigkeit Ihrer Frau in Frage gestellt ist. Der zuständige Staatsanwalt würde die Akte so lange ruhen lassen, bis daß das Gutachten aus dem Zivilprozeß vorliegt.«

»Dann möchte ich bitte eine Selbstanzeige machen!« sage ich.

»Eine Selbstanzeige können Sie im Falle der Steuerhinterziehung machen«, sagt er, »um der Steuerfahndung zuvorzukommen. In Ihrem Fall: Oben zu schreiben ›ich bin Täter‹ und unten ›ich bin es nicht‹, hat keinen Sinn. Das Maximum, das Sie erreichen können, ist, daß jemand den Fall zunächst einmal aufnimmt. Dann wird er datenverarbeitungsmäßig erfaßt. Im Computer steht dann: ›Anzeige wegen sexuellen Mißbrauchs.‹ Mehr wird nicht passieren, nur Sie haben dann eineinhalb Jahre Arbeit, das wieder aus dem Computer löschen zu lassen. Ihr Anwalt hat Sie richtig beraten, lassen Sie die Finger davon!«

»Es muß doch irgendeine Möglichkeit geben, dem zu begegnen«, erwidere ich.

»Ja, im Zivilprozeß«, ist seine Antwort.

Dann erzähle ich ihm, wie es weiter gegangen ist. Daß ich die Kinder an mich genommen habe, daß Ute das Aufenthaltsbestimmungsrecht bekommen hat und schließlich, daß ich mit den Kindern in Holland war.

»Da wären Sie besser geblieben«, meint er.

Ich schaue ihn ungläubig an, da ich ihm gerade von einer Straftat berichte. Durch ein deutliches Nicken sagt er mir, daß ich ihn richtig verstanden habe. Ich bin begeistert. Mein Anwalt legt deswegen sein Mandat nieder und bei der Staatsanwaltschaft sagt man mir ziemlich unverblümt: ›Eine gute Lösung, die Sie da gefunden haben, Sie hätten dort bleiben sollen.‹

Am Nachmittag rufe ich einen neuen Anwalt an. Wir sprechen beinahe eine Viertelstunde, dann vereinbaren wir einen Termin. Zum Abschluß frage ich ihn nach seiner Meinung zu der Situation um das Haus. Er fragt nach:
»Ihre Frau wohnt mit den Kindern jetzt nicht dort und will auch nicht dorthin zurück?«
»Ja«.
Er fährt fort: »Das Wetter ist so schön, da sollten Sie heute etwas früher den Feierabend beginnen und einen Ausflug zu Ihrer ehelichen Wohnung machen. Wenn Sie zufällig hineinkommen, dann bewohnen Sie die Wohnung – alles klar?«
Das muß er mir nicht zweimal sagen. Eine Stunde später bin ich am Haus. Mein Vermieter hatte mich bereits darauf hingewiesen, daß die Nachbarn sich über den Zustand des Grundstücks beschwert haben. Was ich jetzt sehe, übertrifft meine Befürchtungen:

Vor dem Haus steht das Gras etwa einen Meter hoch, zwischen dem Betonpflaster in der Einfahrt 20 Zentimeter hohes Unkraut. Rechts und links am Rand sprießt es gewaltig. Bis zu eineinhalb Meter hohes Unkraut ist an der Mauerkante emporgewachsen, konnte sich dann offenbar nicht mehr halten und ist in die Garageneinfahrt abgeknickt. Zwischen den Platten auf der Terasse und dem Gehweg hat das Unkraut die Fugen gesprengt. In der Garage herrscht Chaos. Eine der Fensterscheiben ist zerschlagen. Die Beete der Zierpflanzen sehen katastrophal aus. Alles ist mit Gras und Ackerwinden überwuchert. Auf der Wiese liegt das total verdreckte, aufblasbare Plantschbecken der Kinder. In einer Kammer ist noch Luft, so hat sich etwas Regenwasser gesammelt. Es stinkt faulig. Überall stehen Blumentöpfe mit abgestorbenen Pflanzen. Einer der beiden Oleander ist vertrocknet. Neben der Terrasse stehen zwei Holzkisten mit Äpfeln; sie sind vergammelt, braun, matschig und riechen angegoren. Am Balkon hängt ein Blumenkasten, der vollkommen vertrocknet ist.

Im Haus ist es ähnlich. Sowohl in der Waschmaschine als auch im Trockner ist Wäsche. Davor liegt ein großer Berg Wollwäsche, der von einer Katze offenbar als Klo benutzt wurde. Auf der Waschmaschine und dem Boden ist Waschpulver verstreut. Im Vorratskeller liegen im Regal und auf dem Boden vereinzelt Äpfel, ein paar alte Möhren, eine Paprika. Alles ist mit Schimmel überzogen.

Im Flur stehen Kartons, Kartons mit Zeitschriften und Flugblättern. Auf den Kartons liegen Einkaufstaschen, Spielsachen und Bilder der Kinder. Überall liegen Schuhe. Das Gäste-WC sieht halbwegs benutzbar aus, aber der Ablauf der Kloschüssel ist total schwarz. Auf dem Boden steht das Katzenklo mit Inhalt, obwohl die eine Katze seit drei Wochen weg ist. Das Eßzimmer ist vollkommen umgeräumt. Es steht ein großes Bett darin. Unter dem Fenster steht ein Schreibtisch, unaufgeräumt, mit einem Stapel Post. Viele der Briefe sind nicht geöffnet, obwohl sie bis zu fünf Monaten alt sind. Im Wohnzimmer ist seit Monaten nicht abgestaubt. Auf dem Schrank steht ein Osterstrauß mit bemalten, ausgeblasenen Eiern. Die Weihnachtspyramide steht drei Meter daneben. Es ist August, und den Mitarbeiterinnen des Jugendamts fällt so etwas nicht auf.

Die Reinigung der Küche dauert 18 Stunden. Ich finde etwa 50 überwiegend homöopatische Medikamente. In Annas Zimmer wohnt jetzt Maria. Über dem Bett hat Anna offenbar an der Tapete gepult und sie überall abgerissen. Ich bin entsetzt. Wie furchtbar muß es ihr gehen, wie schlecht muß sie schlafen, daß sie innerhalb weniger Monate die Tapete derart zerkratzt? Ich brauche Zeugen für dieses unglaubliche Chaos und rufe eine Freundin, Dora, an.

Als sie da ist und sich umschaut, meint sie, so etwas noch nicht gesehen zu haben. Wo immer ich durch das Haus laufe, lasse ich meinen Blick schweifen. Ich versuche die Dinge einzuordnen und dem, was ich sehe, einen Sinn zu geben. Auf dem Küchentisch liegen die Bordkarten für den Flug nach Las Palmas; der war im März. Im Wohnzimmer auf der Kommode liegt Utes Tagebuch. Ich habe es noch nie angerührt. Jetzt nehme ich es auf und lese. Ich lese nur ein paar Zeilen, trotzdem erkenne ich, daß dieses Buch sehr viel mehr offenbart. Nach dem Abendessen bitte ich Dora, zu gehen, um mich in Ruhe dem Tagebuch widmen zu können.

Den ganzen Abend und die Nacht beschäftige ich mich damit, obwohl nicht mehr als vielleicht dreißig Seiten beschrieben sind. Ich bin zutiefst erschüttert. Dieses Tagebuch hat sie mit dem ersten Tag ihrer Müttergenesungskur begonnen zu schreiben. Das war im Frühjahr 1991, ein halbes Jahr vor unserer Trennung.

Jetzt lese ich, daß Ute damals Stimmen hörte. Sie schreibt von einer Frau, die sehr viel redet, und daß sie deren Beiträge sehr ehrlich und interessant findet. Schließlich ertappt sie sich aber dabei, daß sie anfängt sich zu fragen, ob sie angelogen wird. Und weiter schreibt sie: ›Ich merke, das bin nicht ich, diese Stimme kommt zwar aus mir, aber sie ist in mich hineingelegt worden: Nur kein Vertrauen haben! Glaubst du etwa, was er/sie gesagt hat?‹ Dann schreibt sie, daß sie ihre Mutter hört und auch mich: ›Lippenbekenntnisse‹, hört sie mich sagen. Ute kommt zu dem Entschluß, sich weiter zu unterhalten und zu vertrauen. Sie schreibt, daß sie lediglich möchte, daß ihr die Stimmen ein wenig Wachsamkeit geben – aber nicht mehr. ›Im Moment klingen sie wie eine Bedrohung, wie ein erhobener Zeigefinger – ach, du kleines dummes Mädchen.‹

Ich bin schockiert. Der Satz: ›Ich merke, das bin nicht ich, diese Stimme kommt zwar aus mir, aber sie ist in mich hineingelegt worden.‹ läßt mich erinnern, was der Psychoanalytiker Dr. Schrem mir über wahnhafte Fremdbeeinflussung erzählt hat.

Ich zittere beim Lesen. Es ist ein Unterschied, ob man sich darüber unterhält, daß jemand krank ist, oder ob man es so hautnah spürt. Ich versuche mir irgendwie vorzustellen, wie es sein mag, mit solchen Stimmen zu leben. Es macht mir Angst. Zudem bin ich betroffen, weil ich zu dieser Zeit noch an Utes Seite gelebt habe und sie mir nichts gesagt hat. Ich blättere zurück. Am Tag zuvor bezieht Ute sich auf eine optische Halluzination, die sie mir auch erzählt hatte: das Kreuz, das ihr erschienen ist, und das Gefühl der Wärme. Sie schreibt, daß sie früh am Abend im Bett liegt und es himmlisch still ist, kein Autolärm und keine Geräusche von einem Mitmenschen. Sie beschreibt, was sie im Zimmer sieht. Dabei fällt ihr Blick auf ein Kreuz an der Wand, das schwer aussieht, und dessen Christusfigur kindlich wirkt. Das Gesicht sei nichtssagend, aber traurig. Weiter schreibt sie, daß sie sich seit ihrem damaligen Erlebnis bei solchen Christusdarstellungen immer fragt, was der Künstler begriffen hat. Ob er erfahren hat, was es heißt, Leiden anzunehmen? Ihr Christus, heißt es im Tagebuch, habe einen leidenden Körper und ein lächelndes Gesicht. Da sei Licht, Wärme und keine Angst gewesen. Das Kreuz fängt an, sie zu stören, Ute nimmt es von der Wand.

Ich vertiefe mich weiter in ihr Tagebuch. Immer wieder lese ich über mich oder uns. Ute schreibt, daß ich sie nicht ernst nehme. Dort, in der Kur, würde sie ernst genommen. Sie habe festgestellt, daß sie gar kein Heimweh habe. Ab und zu denke sie an die Kinder, an mich und an unser Haus. Aber sie könne sich nicht vorstellen, im Moment hier zu leben. Sie fragt sich, ob sie sich überhaupt noch vorstellen könne, mit mir zusammen zu leben. Ich sei so weit weg, so fremd, so kalt. Sie meint: ›Von mir kommt nichts mehr. Sendepause! Das, was von mir kommt, interessiert ihn anscheinend nicht. Ich habe im Laufe des letzten Jahres noch mehr aufgehört zu funktionieren, also bin ich auf den Müll geschmissen worden!‹

Schließlich erinnert sie sich an unsere Eheberatung, wo ich gesagt hatte, daß ich mich im Sommer '90 zurückgezogen habe, um zu sehen, was von ihrer Seite kommt, weil ich plötzlich merkte, daß ich immer derjenige war, der auf sie zuging und nicht umgekehrt. Ute schreibt, sie hätte erwartet, daß ich mich mal fragte, warum sie so ist. Aber nein, ich sei ihr untreu geworden. Bei einer anderen sei alles ja so schön! Große Gefühle, nur nicht für die eigene Frau. Und dann: ›Ich könnte heute einen Anwalt anrufen und mich scheiden lassen. Scheißkerl. Arschloch!‹

Tage später schreibt sie von einem Therapiegespräch. Der dortige Therapeut habe ihr gesagt, sie könne Schauspielerin sein. Sie fragt sich, was er damit gemeint haben kann. Ich denke an Lempps Gutachten: ›Bemerkenswert sind emotionale Deutungen als Hinweis auf gewisse emotional künstlerische Eigenschaften.‹ Was heißt das nun?, frage ich mich. Ich lese weiter. Jeder einzelne Satz zwingt mich zu langem Nachdenken.

Dann schließlich, am 8. März 1991 schreibt Ute: ›Die Nacht war beschissen. So viele Ängste. Thomas vergewaltigt Anna. Sind das Ängste aus meiner Kindheit, die sich von meiner mißhandelten Mutter auf mich übertragen haben?‹ Sie hört Meditationsmusik und notiert, daß sie mit den Gefühlen, die in der letzten Nacht hochgekommen sind, nicht klar kommt. Es ist unglaublich. Im März träumt sie, daß ich Anna vergewaltige – im November ist sie davon überzeugt, daß es Realität ist. Sie hat Angst vor den Gedanken, die in ihr hoch gekommen sind, und sie stellt einen Bezug zu ihrer Kindheit her. Ich vermute, daß ich recht habe und sie als Kind sexuell mißbraucht worden ist, daß sie es aber verdrängt hat. So bezieht Ute ihre Ängste auch jetzt nicht auf sich, sondern denkt, daß sie von ihrer ebenfalls sexuell mißhandelten Mutter auf sie übertragen wurden.

Ich sollte glücklich sein, dieses Dokument in meiner Hand zu haben, da es meine Unschuld beweist, aber ich bin im Gegenteil sehr traurig und zutiefst schockiert. Ich lese von ihren Zweifeln im Zusammenhang mit unserer Beziehung. Von der Sehnsucht, die sie manchmal nach mir hat und von all den negativen Gefühlen mir gegenüber. Ute hat ein Foto dabei, auf dem ich mit Ivon zu sehen bin. Über viele Tage kann sie es nicht anschauen, schreibt sie. Sie schreibt, daß sie träume, mit mir zu schlafen, und daß ich dabei kein Gesicht habe, nur einen Schnäuzer. Dieses Gesicht, daß sie nicht erkennt, beschäftigt sie immer wieder. Sie träumt es ständig und notiert: ›Das Gesicht fängt an, Augen zu bekommen, grüne Augen. Aber ich kann sie noch nicht sehen. Manchmal glaube ich, es wird – wenn ich es zulasse – mein Leben lang dauern und sich nur für mich erschließen. Vielleicht geht das auch gar nicht. Aber nur der Schnurrbart. Ne, das ist mir zu wenig.‹

Am nächsten Tag schreibt sie, daß sich das Gesicht verändere. Dazu hat sie ein Bild gemalt. Es zeigt den Umriß eines Kopfes und einen Schnurrbart. Das Gesicht ist ungleichmäßig in einzelne mosaikartige Felder aufgeteilt. Wiederum einen Tag später beschreibt sie, daß das flächige Gesicht aus dem Traum sich zu bewegen anfinge, ›wie das Wasser im leicht bewegten Meer‹. Noch später: ›Vielleicht kann ich eine weitere Veränderung nur erfahren, erfahren im Zusammenleben mit ihm. Vielleicht kann es sich hier gar nicht formen, da ich mit ihm keine Erfahrungen machen kann, die sein Gesicht in mir gestalten könnten. Ich will es ruhen lassen. Ich wundere mich nicht mehr über meine Tränen, wenn wir miteinander geschlafen haben. Ich schaue mein Traumbild an und fühle meine Tränen, meine Verzweiflung, meine Einsamkeit, meinen Wunsch nach mehr Zweisamkeit, den Abstand, den wir zueinander haben, meinen Schmerz.‹

Es ist beklemmend, das zu lesen. Es gab keine Tränen, wenn wir miteinander geschlafen haben. Nicht unmittelbar danach und auch nicht später. Trotzdem bin ich überzeugt, daß es in ihrer Vergangenheit diese Lebenssituation gegeben hat: Tränen nach dem Geschlechtsverkehr. Aber das war nicht ich – das ist eine Projektion. Der, der sie mißbraucht hat. – Es gibt noch jemand anderen mit einem sehr auffälligen großen Schnäuzer – ihren Vater! An ihren Großvater erinnere ich mich kaum, aber ich meine, auch er hatte einen Schnauzbart.

Wer auch immer – es ist wohl eine Projektion! Welche Chance hatte unsere Beziehung? Ich denke, keine – ich bekomme jetzt zu spüren, was einem anderen gilt.

An wieder einem anderen Tag schreibt Ute, daß es ihr gut gehe, daß sie sich spüre, ihre Sinnlichkeit fühle. Daß es im ganzen Körper kribbelt, ohne daß sie sich vorstellt, mit jemanden zu schmusen oder zu schlafen, daß sie sich selbst genügt. Sie sagt sie träumt von einem Tanz, der ganz viel Nähe ausdrückt. Nähe, Wärme, Sinnlichkeit – aber ohne sie sexuell zu erregen. Sie fühlt, daß sie lebt. Und weiter: ›Vielleicht gibt es für Thomas und mich keine gemeinsame Zukunft. Ich fühle kaum etwas für ihn. Ich kann mir kaum mehr vorstellen, wie er eigentlich aussieht. Das Bild von ihm kann ich mir nicht anschauen. Ich muß es umdrehen.‹

Im Tagebuch gibt es eine große Lücke. Im Mai schreibt sie anläßlich des Todes von Annas Katze: ›Sie ist heute Nacht überfahren worden. Mir geht's beschissen. Ihr Tod hat so vieles in mir in Bewegung gebracht.‹ Ute fragt sich, was noch alles geschehen muß, damit sie aufwacht, handelt, sich durchsetzt, ihr Leben führt. So will sie es nicht mehr. Sie sagt, es sei Chaos, und sie wünsche sich jemanden, mit dem sie regelmäßig über alles reden kann, was sie bewegt. Sie schreibt, ich trampele auf ihren Gefühlen herum und sie habe es nicht begriffen, habe es geschehen lassen. Wenn sie jemand wäre, der sich auflehnt, so würde sie für ihre Mutter eine Bedrohung darstellen, weil die sich fragen müßte: Warum nicht ich? Meine Tochter macht etwas, was ich eigentlich immer tun wollte. Als nächsten Satz lese ich: ›Hört doch alle auf. Hört auf! Wird es Menschen geben, die mich einfach so nehmen wie ich bin, wo ich ich sein darf?‹

Von Mai bis Dezember gibt es keine Eintragungen. Erst als sie nach unserer Trennung mit Ivon im Krankenhaus ist, schreibt sie unter der Überschrift ›Für meine Kinder!‹ von jenem Montag im November: ›Die Entscheidung ist gefallen. Thomas und ich werden uns trennen. Es ist gut. Er ist noch nicht da. Ich sitze mit den Kindern in der Küche, wir haben gerade gegessen. Ich sage ihnen, daß ich nachher ins KI [eine Selbsterfahrungsgruppe] gehen werde. Anna kommt auf meinen Schoß. »Mama, du sollst nicht ins KI gehen, ich will mit dem Papa nicht allein sein.« Ich höre diesen Satz seit einiger Zeit, wenn ich abends weg will. Ich habe zum ersten Mal ein dummes Gefühl. Ich höre ihr zu, frage nach. »Du hast Angst, mit dem Papa allein zu sein?« »Ja, Mama, ihr habt Streit gehabt, deshalb habe ich Angst.« »Du hast Angst, auch mit dem Papa Streit zu haben.« »Ja!« »Hattest du schon mal mit Papa Streit?« »Ja dreimal, ich habe Angst, wieder mit dem Papa Streit zu haben.« Das Gespräch kreist noch eine Weile um Streit und Angst. Anna bittet mich dann mit ihr hoch in ihr Zimmer zu gehen. Maria bittet mich auch, da zu bleiben.‹

Ist es verwunderlich, daß Anna Angst hat, wenn Ute geht? Die Kinder wissen doch, daß wir nicht in Harmonie miteinander leben. Sie müssen Angst haben, daß wir uns trennen. Die einfachste Art, dieser Angst zu begegnen, ist, beide Eltern im Haus zu halten. Und dann sagt Anna, daß sie Angst hat, Streit mit mir zu haben. Sie befürchtet offenbar, daß ich nicht nur mit Ute, sondern auch mit ihr streiten könnte. Sie hat Angst vor einer Trennung, Angst, daß sie verlassen wird, und sie fügt hinzu, daß ich schon einmal mit ihr geschimpft habe.

Das, was in Utes Sorgerechtsantrag offengelassen ist: ›er hat es dreimal getan‹, was Ute und KOBRA als sexuellen Mißbrauch auslegen, entpuppt sich als Streit. Ich habe mit ihr geschimpft. Diese Aufzeichnung ist ein Geschenk des Himmels. Ich glaubte mich schon bald im Gefängnis, weil ich nicht beweisen kann, daß ich Anna nicht mißbraucht habe. Ich hatte wirklich schon daran gedacht, daß es Ute gelingen könnte, durch dieses falsche Zitat und mit Rückenstärkung von KOBRA, einen Verbrecher aus mir zu machen.

Jetzt habe ich endlich den Beweis, daß ihre Behauptung Unsinn ist. Ich lese weiter, was Ute schreibt: ›Anna sagt: »Du immer mit deinem verliebtem KI. Du sollst da bleiben!« Jetzt bekomme ich Angst? Ich bebe. Ich habe das Gefühl, ich stehe vor der Wahrheit. Ich hatte immer das Gefühl, das dicke Ende kommt noch. Jetzt stehe ich davor. Ich gehe mit Anna hoch, wir kuscheln uns auf ihr Bett. Sie erzählt weiter: »Mama, ich habe schon dreimal mit dem Papa Streit gehabt. Einmal abends, zweimal am Tag. Er hat es immer getan, wenn du nicht da warst, damit du das nicht weißt. Er hat so Worte gesagt, die habe ich alle gar nicht verstanden, die kann ich dir gar nicht wiederholen.« Jetzt mache ich einen Fehler, wie ich hinterher merke. Ich frage nach, ich frage, frage. Scheiße, ich wollte alles auf einmal hören, hatte nicht genug Geduld in dem Moment. Ich erfahre noch, daß es etwas mit ihrem Popo zu tun hat, dann ist Schluß.‹

Scheinbar wollte Ute etwas Bestimmtes hören. Zu dieser Zeit muß sie, aufgrund ihrer eigenen Ängste, ungeheuer auf sexuellen Mißbrauch fixiert gewesen sein. Ihre Ängste haben sie vermutlich über die Monate nicht mehr losgelassen. Wie ich erst viel später erfahren sollte, hatte Ute einen Tag zuvor das Buch ›Väter als Täter‹ [6] gelesen.

Und dann kommt im Laufe des Gesprächs mit Anna der Popo. Ja, ich erinnere mich noch allzugut. Ich weiß nicht mehr, was mich so wütend gemacht hatte, aber ich schimpfte mit Anna. Ich war wirklich sehr aufgebracht. Ich erinnere mich noch, daß wir auf der Treppe standen, als ich zu ihr sagte: »Anna, ich möchte, daß du hörst, wenn ich dir etwas sage. So geht es nicht. Wenn das noch einmal passiert, dann muß ich dir den Po verhauen.« Oh ja! Ich weiß es noch sehr gut. Ich hätte mich für diesen dummen Spruch am liebsten selbst in den Hintern getreten. Später bin ich dann zu Anna gegangen und habe mich entschuldigt.

Ich lese weiter: ›Ich kann nicht mehr, ich habe Angst, bin verzweifelt. Ich frage sie noch, ob es jetzt gut ist, ob sie jetzt schlafen kann. Ja, Mama, es ist gut. Ich bin zum Telefon gelaufen, habe meine Eltern angerufen, heule, heule, heule. Thomas kommt dazwischen. Ich gehe nicht ins KI, ich bleibe bei den Kindern. Ich habe Angst. Ich fange an zu begreifen, daß die Bilder, die ich in der Kur gesehen habe, der Realität entsprechen. Ich fange an zu begreifen, warum Anna seit geraumer Zeit nachts ins Bett macht. Morgen habe ich einen Termin beim Frauenarzt, dann weiß ich hoffentlich mehr.‹

Jetzt lerne ich zum ersten Mal die andere Seite kennen. Ute befiel offenbar Panik. Hier ist der Kurzschluß! Ute macht ihren Traum zur Realität. Nach allem, was sie vorher beschrieben hat, muß sie ihn aber schon in den Monaten davor sehr nahe an die Realität herangerückt haben. Diese Dynamik macht mir Angst.

Ich lese auch die letzten beiden Seiten des Tagebuchs. Sie sind leider ohne Datum, also zwischen Dezember 1991 und Juli 1992 geschrieben: ›Ivon ist wie meine Schwester [Ute hat keine Schwester]. Sie legt ihren Kopf auf meine Schulter und streichelt mich über meinen Kopf. Sie lehrt mich Ruhe, keine Angst zu haben, beschützt mich. Maria gibt mir klares Denken, entschlossenes Handeln, stärkt und macht eindeutig. Anna lehrt mich Geduld – Geduld und Loslassenkönnen. Ich empfinde uns als eine wunderbare Einheit der Liebe. Die Kinder können lieben, und sie helfen mir, meine Steine wegzuräumen.

Irgendwann bin ich frei. Irgendwann kann ich ihm begegnen, in meine Arme schließen, einfach so, weil ich ihn liebe. Der Weg ist das Ziel. Ich möchte den Punkt nicht versäumen, an dem er zu uns kommen kann, soll. Ich will nicht mehr kämpfen, ich will zulassen, es ist so beglückend, es ist gut, schön, warm, liebevoll, entrümpelt.

Ich lebe ohne den Anspruch, daß sich diese Liebe erfüllt. Ich kenne dieses Gefühl nicht. Nein, nein. Irgendwo bin ich Thomas dankbar, daß alles so gekommen ist. Es eröffnet mir so viel Neues. Es ist gut – es wird gut! Wenn ich in seine Augen schaue, spüre ich mein Gerümpel, meine Steine.‹

Ich weiß, daß sie hier nicht von mir spricht. Ich denke, es ist eine Halluzination. So hat sie es mir damals beschrieben: ›schön, warm, liebevoll und beglückend.‹ Ist sie verrückt? Ist sie gefährlich? Sie will den Punkt nicht versäumen, an dem ›er‹ zu ihr kommen kann, kommen soll. Was heißt das? Denkt sie daran, sich das Leben zu nehmen? Sie schreibt: ›zu uns kommen kann.‹ Heißt das, daß sie daran denkt, mit den Kindern in den Freitod zu gehen? Ich habe wieder dieses schreckliche Gefühl, daß sie den Kindern etwas antun könnte, daß sie vollkommen verblendet ist.

Schließlich entdecke ich auf dem Wohnzimmertisch noch einen Briefumschlag mit Utes Notizen. Ich lese: ›Anna sehr verschlossen – Maria sagt vor Gericht aus – Ivons Vater nicht dran – er konnte nicht mit mir umgehen – Kinder bleiben bei mir – bekomme Sozialhilfe – wir kommen klar – nach Gefängnis geht mein Mann weg – er geht an fremde Kinder – später werden Kinder alles überwinden – wenn die Kinder da sind, ihn besuchen – Freunde von ihm werden immer weniger – kann mit Frauen nichts anfangen nur mit Kindern – kommt in Klappsmühle – Anna, Maria unterzeichnen lassen – ich heirate älteren Mann, geht gut‹

Nun, das zeigt mir, daß Ute nicht vorsätzlich handelt. Sie ist vom Mißbrauchsgeschehen vollkommen überzeugt, sonst würde sie so etwas nicht schreiben. Am Nachmittag bin ich bei Dr. Schrem und zeige ihm das Tagebuch. Seine erste Frage ist:
»Wo war das Tagebuch?«

Ich schaue ihn ungläubig an.

»In der Vergangenheit, als Sie noch mit Ihrer Frau lebten, wo hat sie es aufbewahrt?« konkretisiert er seine Frage.

»Es lag bei uns im Wohnzimmer auf der Kommode. Ich hätte jederzeit darin lesen können, aber ich habe es nicht getan, da ich ein Tagebuch als absolute Privatsphäre betrachte«, erwidere ich.

»Dann dürfen Sie sicher davon ausgehen, daß Sie es finden sollten«, meint er.

Das sitzt – ich weine. Ein versteckter Hilferuf also, dieses Buch offen liegen zu lassen. Und ich habe es nicht angefaßt. Verdammt! Dann frage ich mich, was ich mit dem Gelesenen vor einem Jahr hätte anfangen sollen. Es ist ziemlich konfus. Ich hätte auch damals nicht begriffen, daß etwas mit Ute nicht in Ordnung ist. Wahrscheinlich hätte ich den Kopf geschüttelt und das Unverständnis wiederum mir angezogen und dabei gedacht: Wer versteht die Frauen?

Dr. Schrem liest einige Passagen durch, und findet in diesem Zusammenhang auch die Schrift beachtenswert. Stellenweise ist es beinahe unleserlich. Die Schrift gerät aus den Fugen. Er schlägt mir vor, das Buch einmal einem Graphologen zu zeigen. Im übrigen meint er:

»Es ist zu sehen, daß für Ihre Frau Stimmen handlungsleitend geworden sind. Aus dem Text geht nicht hervor, ob die Stimmen in der dritten Person zu ihr sprechen, dann wäre es eindeutig. Alles, was aus dem Tagebuch ersichtlich ist, ist, daß Ihre Frau Hilfe braucht – mit Sicherheit Hilfe braucht. Sie sollten das Buch dem Gutachter vorlegen.«

Das Wochenende benutze ich zum Aufräumen im Haus. Die Arbeit nimmt kein Ende. Wohin ich auch fasse, überall gibt es Dinge aufzuräumen und zu ordnen.

Joana aus Köln ruft mich an und erzählt, was ihr passiert ist, während ich mit den Kindern auf Goudbol war. Sie sagt: »Nach deinem Besuch habe ich in einem großen Konflikt gelebt, weil ich die Kinder gesehen hatte, während Ute seit mehr als einer Woche kein Lebenszeichen von ihnen hatte. Da ich selbst Mutter bin, fiel es mir nicht schwer, mir vorzustellen, in welch verzweifelter Situation Ute sein mußte. Schließlich habe ich es nicht mehr ausgehalten und mich entschlossen, Ute zu informieren. Nachdem ich sie mehrfach nicht erreichen konnte, habe ich beim WEISSEN RING angerufen. Ich wußte ja, daß Ute Kontakt dazu hatte.

Als erstes habe ich mir von einer Frau Keisler Vorwürfe anhören müssen. Die hat geschimpft: Ich hätte sofort die Polizei anrufen müssen, als du hier warst. Dann habe ich ihr erzählt, daß die Kinder keineswegs gegen ihren Willen bei ihrem Vater sind, sondern offenbar sehr gerne mit dir zusammen sind und einen fröhlichen und zufriedenen Eindruck machten. Das wollte sie zuerst nicht glauben. Ich habe ihr gesagt, daß ich daher auch keine Veranlassung gesehen habe, die Polizei zu rufen. Schließlich hat sie sich beruhigt und gesagt, daß sie Ute informieren wird.

Zwei Tage später rief Frau Keisler mich an und war ganz irritiert. Sie meinte: ›Stellen Sie sich vor, ich habe Frau Alteck erreicht und sie hat furchtbar über Sie geschimpft, nur nach den Kindern hat sie nicht gefragt.‹ Da war ich auch perplex.« Und Joana erzählt weiter: »Wenige Tage später hatten wir die Kripo im Haus, die haben euch gesucht.«

»Richtig im Haus?« frage ich.

»Ja, im neuen Haus, mit Durchsuchungsbefehl«, sagt Joana, »Und schließlich rief auch noch deine Cousine an und hat mich beschimpft. Sie wüßte von Ute, daß wir dich vor der Polizei verstecken. Ute hat offenbar in der Verwandtschaft erzählt, daß die Polizei definitiv weiß, daß wir dich und die Kinder verstecken und nicht bereit seien, dich auszuliefern. Ich war so fertig, ich mußte Beruhigungsmittel nehmen.

Eine Woche, nachdem ich mit dem WEISSEN RING gesprochen habe, hat dann Ute selbst hier angerufen und mich beschimpft. Ich war so sauer. Da habe ich ihr gesagt: ›Ich habe deinen Anruf schon vor einer Woche erwartet. Es tut mir leid, Ute, aber als Mutter kann ich dein Verhalten nicht mehr nachvollziehen. Ich habe erwartet, daß du nach deinen

Kindern fragst, vielleicht fragst, was sie gesagt haben oder wie sie gekleidet waren, weil nur eine Mutter daraus Rückschlüsse ziehen kann. Statt dessen erlebe ich, daß du dir offenbar überhaupt keine Gedanken um die Kinder machst.‹ Ute hat darauf geantwortet, daß sie ja bereits von Frau Keisler wisse, wie es den Kindern geht. Im weiteren Gespräch kam dann heraus, daß sie von Freunden aus anruft, wo sie zur Zeit am Swimmingpool liegt und sich ein wenig entspannt. Sie hat gesagt, daß sie es gerade unsagbar genießt, ohne die Kinder zu sein. Sie beabsichtige, noch eine Weile dort zu bleiben und sich ein wenig verwöhnen zu lassen.« Joana sagt mir: »Ich habe die Welt nicht mehr verstanden, aber mittlerweile bin ich auch überzeugt, daß mit Ute etwas nicht stimmt.«

So erfahre ich zum ersten Mal, was während meiner Abwesenheit passiert ist. Cliff, Joanas Mann, sagt mir:

»Ute hatte alle zwei Tage eine neue Idee, wo du gerade sein könntest, und jedesmal war sie felsenfest davon überzeugt, es sicher zu wissen. Dann hat sie mit allem Nachdruck den Polizeiapparat auf die von ihr verdächtigten Personen angesetzt.

Am Anfang hatte sie auch ihre Eltern im Verdacht. Sag' mal«, fährt er fort, »war das eigentlich Zufall oder Absicht, daß du die Kinder an dem Tag an dich genommen hast, als deine Schwiegereltern nach Teneriffa geflogen sind?«

»Zufall«, sage ich, »denn von Utes Eltern weiß ich nichts.«

Er sagt: »Ute rief hier an und erzählte, daß du die Kinder hast und wohl mit ihren Eltern auf die Kanarischen Inseln geflogen seiest.«

Das ist ja paranoid, denke ich und frage:

»Woran hat sie das denn festgemacht?«

»Das weiß ich nicht«, erklärt Cliff, »das habe ich sie auch gefragt. Sie war einfach davon überzeugt. Ich habe sie dann beruhigt und ihr geholfen, das Hotel und die Telefonnummer herauszubekommen, und schließlich stellte sich heraus, das es Fehlalarm war. Da war sie dann aber schon überzeugt, daß du mit Freunden fort bist.«

Montag abend telefoniere ich mit Christoph. Er sagt, daß Frau Meier-Theurer vom Jugendamt ihn angerufen habe. Ich bin erstaunt. Nach beinahe vier Monaten bequemt sich das Jugendamt nun doch endlich, sich ein wenig umzuhören. Ich erfahre, daß sie ein langes Gespräch hatten.

Christoph hat nicht nur seine Sicht von Ute dargestellt, er hat ihr auch die anderen Dinge nicht verschwiegen, die ihm in der Vergangenheit aufgefallen sind. Zum Beispiel, daß Ute nach der Kur im Beisein der Kinder gesagt habe: ›Das war das einzig wahre Leben, so ohne die Kinder.‹ Und Christoph konnte auch noch gut die Reaktion der Kinder beschreiben, die das sehr wohl registriert haben. Ich frage ihn, wie er sich noch so gut daran erinnern kann und er sagt, daß ihn das damals wirklich umgehauen habe. Er habe das dann am Abend mit Beate noch lange diskutiert und es auch in seinem Tagebuch festgehalten.

Er hat Frau Meier-Theurer auch erzählt, daß er von seinen Nachbarn auf uns angesprochen worden sei, weil sie beobachtet hatten, daß immer nur ich es sei, der mit den Kindern spiele. Mir ist das nie so bewußt gewesen, aber Christoph hat recht. Wenn Ute mit den Kindern irgendwo war oder zu Hause Besuch hatte, dann waren die Kinder abgemeldet. Christoph erzählt weiter, daß er mit Frau Meier-Theurer vor allem auch die Frage von Utes Krankheit oder Vorsatz diskutiert habe. Daraufhin meinte Frau Meier-Theurer wohl, daß Ute zumindest sehr geschickt sei, falls das vorsätzliches Handeln sei.

Durch Joanas Anruf neugierig geworden, telefoniere ich mit anderen Freunden und Bekannten. Zuerst rufe ich Helga an. Sie sagt, daß Ute sie am ersten Tag angerufen habe, weiter sei nichts gewesen.

Dann rufe ich Patricia an, die Frau, in die ich mich zwei Jahre zuvor verliebt hatte; dadurch war die Diskussion mit Ute erst in Gang gekommen. Patricia ist stinksauer.

»Was hast du gemacht? Bist du wahnsinnig? Woher kennt Ute meinen Namen?« fragt sie.

»Nun mal langsam«, versuche ich sie zu beruhigen, »was ist denn passiert?«

»Da waren zwei Männer von der Kripo bei mir während der Arbeit. Die fragten mich, ob ich dich kenne. Das habe ich zugegeben. Dann wollten sie wissen, wann ich dich das letzte Mal gesehen oder gesprochen habe und anschließend haben sie mich gefragt, ob ich dich und die Kinder verstecke«, sagt sie.

»Ja und?« frage ich ahnungslos.

»Ja und – dann meinten sie, ob ich ganz sicher sei, daß wir, wenn wir jetzt zu mir nach Hause gehen, dich dort nicht antreffen. Ich habe ›ja‹ gesagt, und trotzdem mußte ich mit ihnen hinaus zu meiner Wohnung fahren und sie ihnen zeigen. Kannst du dir vorstellen, wie unangenehm mir das war? Und das ist noch nicht alles. Ich mußte ihnen sagen, mit wem ich hier wohne, und anschließend haben sie bei meinem Freund drei Tage lang mit Polizeiwagen das Haus observiert. Das haben mir die Nachbarn erzählt. Ich habe mich dumm gestellt.«

Am nächsten Tag habe ich Post vom Gericht. Kurzfristig ist für den 20. August eine Verhandlung angesetzt. Außerdem wird darauf hingewiesen, daß das Jugendamt nach Rücksprache mit dem zuständigen Richter die Kinder wieder in die Obhut der Mutter gegeben hat. Und wörtlich: ›Es sind keine Anhaltspunkte dafür ersichtlich, daß das Jugendamt bei dieser Entscheidung das ihm übertragene Aufenthaltsbestimmungsrecht nicht sachgerecht und den Bedürfnissen der Kinder entsprechend ausgeübt hat.‹

Mein neuer Anwalt hat die undankbare Aufgabe, sich innerhalb von drei Tagen in die mittlerweile zwei Ordner umfassende Akte einzuarbeiten. Er fordert eine Entscheidung über das vorläufige Sorgerecht per einstweiliger Anordnung.

Das nimmt die Gegenseite auch für sich in Anspruch. Ebenfalls gleichlautend sind die Anträge für das Scheidungsverfahren, in dem jeder die Zuteilung der ehelichen Wohnung verlangt.

Nochmals telefoniere ich mit Frau Meier-Theurer. Ich stelle fest, daß sich ihr Verhalten mir gegenüber auch nach ihrem Gespräch mit Christoph nicht verändert hat. In unserer Diskussion geht es um den Aufenthaltsort der Kinder.

Marias Lehrerin hat mich angerufen und gefragt, warum Maria nicht zur Einschulungsfeier erschienen ist. Es ist beinahe überflüssig zu erwähnen, daß ich einmal mehr sprachlos war. Frau Meier-Theurer reagiert gelassen. Es scheint sie nicht sonderlich zu beeindrucken, daß Ute die Schulpflicht wieder mißachtet.

Ich hatte Maria doch erlebt: seit Monaten sprach sie von nichts anderem als von ihrem ersten Schultag. Sie hatte sich darauf gefreut. Ich rede mit Frau Meier-Theurer mit ganzer Leidenschaft und versuche ihr zu erklären, wie wichtig dieser Tag für Maria ist:

»Welches Kind erinnert sich nicht an den ersten Schultag?« frage ich sie.

Ute nimmt darauf offensichtlich keine Rücksicht, und Frau Meier-Theurer scheint es nicht zu berühren. Sie weigert sich, mir den Aufenthaltsort der Kinder zu nennen. Daraufhin drohe ich ihr mit einer Anzeige, worüber sie sich sofort beschwert. Aber was soll ich denn machen? Welche Mittel habe ich noch, um mich gegen diese Ignoranz zur Wehr zu setzen? Am nächsten Tag bin ich auf dem Polizeirevier, um eine Anzeige wegen Kindesentzugs und Beihilfe zur Kindesmißhandlung zu erstatten. Als der diensthabende Beamte hört, daß die Anzeige gegen das Jugendamt gerichtet ist, winkt er ab. Er weigert sich, eine entsprechende Anzeige aufzunehmen.

Ich fahre zu Herrn Vögele, dem Kriminalbeamten, der mich festgenommen hatte. Auch er ist etwas irritiert. Er meint, daß der Straftatbestand des Kindesentzugs nicht gegeben ist. Wir verbleiben, daß er sich mit einem Staatsanwalt kurzschließen und sich dann wieder melden will. Am anderen Morgen bin ich wieder bei ihm. Er nimmt die Anzeige auf.

Ich schildere die Gespensterverbrennung und erkläre, daß ich meine Frau nicht für schuldfähig halte. Da das Jugendamt aber davon weiß und trotzdem die Kinder wieder an meine Frau gegeben hat, sehe ich in der Rückführung eine Beihilfe zur Kindesmißhandlung. Aufgrund der geübten Praxis, mir den Aufenthaltsort der Kinder zu verschweigen, sehe ich zudem den Tatbestand des Kindesentzugs erfüllt.

Zu Hause erwartet mich wieder Post. Das Vormundschaftsgericht schickt mir drei Briefe zur Kenntnisnahme, zwei Stellungnahmen aus dem Kinderdorf in Ellbach und ein Brief von Christel, der Mutter unserer Babysitterin, den sie ohne mein Wissen an das Vormundschaftsgericht geschickt hat.

Die Psychologin des Kinderdorfs schreibt: ›Maria weinte nach dem Abschied von der Mutter noch fast eine Stunde laut. Jede Nacht zwischen ca. 23.00 Uhr und 1.30 Uhr schreit Maria laut auf, geht suchend auf den Flur und legt sich dann zu Ivon ins Bett. Alle drei Kinder reden kaum. Anna gibt sich tagsüber mit den Besuchsdaten zufrieden, fragt dann abends wieder gehäuft nach. Alle drei Kinder rufen nach der Mutter, vor allem beim Zubettgehen, und sind dann kaum zu beruhigen. Ivon und Anna nässen am Tag und in der Nacht ein. Alle drei suchen stark den Körperkontakt untereinander. Sie sind gegenüber Erwachsenen und anderen Kindern sehr distanziert. Lediglich Anna nimmt im Spiel Kontakt zu einer Zehnjährigen auf. Auf Nachfrage hin äußerte Ivon, sie habe beim Vater auch geweint und dann bei ihm im Bett geschlafen. Von sich aus sprechen die Kinder nicht über den Vater.

Aus psychologischer Sicht halte ich es für dringend erforderlich, daß die Kinder zur Mutter kommen und ihnen vertraute Menschen um sich haben. Sie scheinen die Heimunterbringung nicht als Entlastung, sondern als ähnliches

Trauma wie die Entführung zu erleben. Ich selbst habe nicht mit den Kindern gesprochen, da ich für sie nochmals eine vollkommen fremde Person bin.‹

Weinend sitze ich in der Küche. Ich hatte es geahnt. Ich wußte, daß sich die Kinder dort nicht wohlfühlen würden. Es ist schrecklich. Ebenso schlimm ist es, zu lesen, daß eine wildfremde Frau sich anmaßt, die Entführung als ein Trauma zu bezeichnen, und auch weiter über die Situation zu urteilen, obwohl sie die Kinder nicht einmal gesprochen hat. Was ist eigentlich so abschreckend an meinen Kindern, daß niemand mit ihnen sprechen will? Vermutlich hat sie mit Ute gesprochen. Ja, sicher sogar. Frau Voß hatte mir doch erzählt, daß es ein Gespräch zwischen Schwester Thekla, einer Psychologin, Ute und ihr gegeben hat. Also waren auch die Leute in Ellbach einseitig informiert.

»Scheiße! Scheiße! und noch mal Scheiße!«

Ich hätte niemals zulassen dürfen, daß Ute die Kinder dorthin bringt. Der zweite Brief besagt, daß den Kindern nicht das positive Ziel der Fremdunterbringung vermittelt werden konnte. Daher war nicht zu verantworten, die Kinder länger dort zu behalten, vor allem, da die Mutter der Kinder von Anfang an bereit war, die Kinder wieder bei sich aufzunehmen.

Was soll ich dazu noch sagen. Den Kindern ging es auf Goudbol ausgezeichnet. Sie waren in gewohnter Umgebung mit gewohnten Freunden. Von daher gab es auch kein positives Ziel der Fremdunterbringung zu vermitteln. Wenn ich eine Situation verschlechtere und dann anfange, dem Betroffenen die Vorteile der neuen Situation darzustellen, dann muß ich wohl Schiffbruch erleiden.

Dann lese ich Christels Brief: Sie hält das Vorgehen des Jugendamtes für unverantwortlich. Ihrem Eindruck nach hat Ute die Kinder nur in die Welt gesetzt, um ihren Eltern und Schwiegereltern zu beweisen, wie leistungsfähig sie sei. Dann schildert sie Utes seltsame Unzufriedenheit, insbesondere darüber, daß ich mehrere Stunden am Tag abwesend war, und nicht einmal in der Adventszeit nachmittags zum Kaffee nach Hause kam. Und weiter: ›Zu meiner Überraschung habe ich Herrn Alteck nie ungeduldig über diesen Druck erlebt. Im Gegenteil! Er übernahm die Kinder abends mit Freuden, während seine Frau den Sinn des Lebens in Kursen zur psychischen Aufbereitung des Körpers suchte. Ich habe diese Abende im Hause Alteck erlebt, da mein Mann und ich auf unseren abendlichen Spaziergängen des öfteren dort vorbeikommen. Ich habe auch erlebt, wie Frau Alteck in stundenlangen Telefongesprächen mit mir von diesen Kursen berichtete, obwohl die Kinder eigentlich Mittag essen sollten und um sie herum sprangen, was mich am anderen Ende der Telefonleitung mehr zu beunruhigen schien als die Mutter, und daß nur auf mein Drängen das Gespräch beendet wurde.

Die Spitze dieses in meinen Augen mütterlichen Fehlverhaltens war der Kuraufenthalt von Frau Alteck in einem Müttergenesungsheim. Allein die Tatsache, daß eine Frau, die 4–6 Wochen Urlaub im Jahr am Meer verbringt, eine Putz- und Bügelfrau, einen Babysitter, einen aufmerksamen Familienvater und sporadisch zeitlich zur Verfügung stehende Eltern hat und keine finanzielle Not beklagen muß, für sich eine solche Einrichtung in Anspruch nimmt, ist für mich kaum zu fassen. Nach ihrer Rückkehr rief sie mich an, um mir von diesen herrlichen vier Wochen ohne Kinder, aber mit vielen Gesprächen und Diskussionen zu berichten. Immer wieder unterstrich sie, wie schön es gewesen sei ohne die Kinder. Selbstverständlich verstehe ich aus eigener Erfahrung sehr wohl, wenn eine Mutter von kleinen Kindern mal ausspannen möchte ohne Kinder. Aber sehr rasch kommt doch Sehnsucht auf; eben nach diesen Kindern.‹

Christels Brief endet mit der Bemerkung: ›Eine Frau ist durch ihre Mutterschaft nicht automatisch eine Mutter. Aber ein Vater kann eine Mutter sein! wie es Herr Alteck ist. Das sage ich aus tiefster Überzeugung.‹

Ich habe echte Freunde, Menschen, die versuchen, mir zu helfen; hoffentlich nicht vergeblich. Ich bin gerührt. Manchmal ist die Wahrheit so einfach, und doch ist es ein Unterschied, um die Wahrheit zu wissen oder von anderen darüber zu lesen.

Dann endlich kommt der Tag der dritten Verhandlung. Ich bin ganz zuversichtlich. Das Haus ist inzwischen sauber und aufgeräumt. Nachdem ich in der Küche Land sah, rief ich meine Eltern an und bat sie, zu kommen und zu helfen.

Zwei Wochen haben wir von morgens bis abends gearbeitet. Zwei Kubikmeter Abfall in der Garage und siebenundzwanzig Müllsäcke auf der Terrasse, davon die Hälfte voll mit Gartenabfällen. Neben dem Müll gibt es die Dinge, die nicht mehr benötigt werden, aber kein Abfall sind: Sachen, die den Kindern mittlerweile zu klein sind. Allein zweiundzwanzig Paar Schuhe, die alle im Haus herumflogen. Jetzt ist alles sauber, und in Ivons Zimmer liegt ein neuer Teppichboden.

Wie bereits zum ersten Termin händigt uns der Richter den letzten Jugendamtsbericht aus. Ich frage mich, warum die Berichte immer erst am Termin vorliegen. Vielleicht, damit niemand darauf reagiern kann?

Ich bin wieder einmal betroffen. Der Bericht macht mich wütend. Aber bevor ich etwas sagen kann, beginnt die Verhandlung. Herr Tappert faßt zusammen, was seit der letzten Verhandlung passiert ist. Dann listet er die jetzt gestellten Anträge beider Seiten auf, die Gegenstand der heutige Verhandlung sein werden und ergänzt: »Die Zuweisung der ehelichen Wohnung wird sich zwangsläufig aus der Entscheidung über das Aufenthaltsbestimmungsrecht ergeben. Wer die Kinder hat, bekommt die Wohnung. Ich beabsichtige nicht, heute eine Sorgerechtsentscheidung zu treffen.« Sodann fragt er die Gegenpartei, ob sie der Verwendung der Tagebücher zustimmt. Frau Kessler-Kern verneint. Ich bin verunsichert. Herr Tappert belehrt mich, daß Tagebücher ohne

Zustimmung der Gegenseite nur in Mordprozessen und auch dort nur in ganz seltenen Fällen als Beweismittel zugelassen werden. Was bleibt mir anderes, als das zur Kenntnis zu nehmen?

Ich habe den Beweis, daß meine Frau Stimmen hört, daß ich meine Tochter nicht sexuell mißbraucht habe und das Gericht sagt ›das interessiert uns nicht‹.

Dann lenke ich das Gespräch auf den ›Woodoo-Zauber‹, die Verbrennung der Puppe. Ute leugnet. So etwas habe sie nicht gemacht. Ich erkläre, die Kinder hätten es mir erzählt. Der Richter fragt Ute explizit:

»Hat es so etwas gegeben, wie ihr Mann behauptet?«

»Nein!« ist ihre energische Antwort.

»Dann schlage ich vor, wir hören uns einmal an, was die Kinder dazu zu sagen haben«, sage ich. »Ich hatte in zwei Fällen mein Diktiergerät zur Hand und habe aufgezeichnet, was die Kinder mir erzählt haben.«

Der Richter ist einverstanden. Ich lege das Diktiergerät auf den Tisch und lasse es laufen. Zehn Minuten später sind die zitierten Passagen vorbei. Herr Tappert guckt Ute an und fragt:

»Nun, was sagen Sie dazu?«

Ute erklärt: »Es hat keine Puppe gegeben, die verbrannt wurde, es war ein Gespensterbild von Anna, welches sie selbst gemalt hat. Das Ganze geschah in Absprache mit der Therapeutin, Frau Ismatis, da Anna häufig von einem Gespenst erzählte, das nachts zu ihr kam, vor welchem sie sich fürchtete und das ihr Bett zum Wackeln brachte. Nach Absprache mit der Therapeutin habe ich das Gespenst benannt. Auf Wunsch von Anna habe ich es in eine Mülltüte gepackt. Wir sind daraufhin auf die Terasse und haben die Tüte mit dem Bild verbrannt.

Der Richter fragt nach: »Was heißt, Sie haben das Gespenst benannt?«

»Wie ich von Frau Ismatis erfahren habe, werden in der Therapie Gespenster als verkleidete Menschen gedeutet. Da

Anna das Gespenst nicht selbst benennen wollte, sie hatte Angst davor, habe ich das Gespenst als Vater benannt. Frau Ismatis sagte, dies sei im Sinne der Weiterführung der Therapie und aufgrund des Standes der Therapie möglich und sinnvoll.«

Mir bleibt zu erklären, daß die Kinder bei mir ruhig geschlafen haben, und daß ich mich natürlich frage, warum Anna das bei Ute nicht tut. Damit ist die Sorgerechtsverhandlung geschlossen und die Ehesache beginnt.

Herr Tappert erklärt, daß einer Scheidung lediglich die Frage des Sorgerechts im Wege steht. Dann läßt er sich von Ute erzählen, daß sie zuletzt am 5. August in der Wohnung war und sie nie die Absicht gehabt habe, von dort wegzuziehen. Sie habe am 10. August die Wohnung wieder betreten wollen. Dabei habe sie mich mit meinem Vater am Haus gesehen. Es treffe zu, daß sie Überlegungen anstelle, nach Abschluß des Sorgerechtsverfahrens den Landkreis zu verlassen, bis dahin wolle sie jedoch in der Wohnung bleiben.

Dann wendet sich Herr Tappert mir zu und fragt nach meiner Sicht der Dinge. Ich erkläre: »Den ersten Hinweis, daß meine Frau die Wohnung nicht mehr nutzen wolle, bekam ich vom Jugendamt. Kurz darauf war ich bei meinem Vermieter. Dieser fragte mich, ob die Wohnung bereits frei sei. Er sei von Interessenten angesprochen worden, die von Frau Alteck wüßten, daß sie die Wohnung aufgeben will. Danach bin ich zum Haus gefahren und habe mit der Nachbarin gesprochen. Sie sagte, daß Ute ihr gegenüber davon gesprochen hat, die Wohnung mit jemandem zu tauschen; jemand anderem habe Ute erzählt, ihr sei gekündigt worden. Auf mein Nachfragen erklärte sie, daß sie Ute seit Wochen nicht gesehen habe. Annas Katze sei auch nicht da, die andere Katze streune seit Wochen in der Nachbarschaft umher. Daraufhin habe ich das Haus betreten und es in einem äußerst verwahrlosten Zustand vorgefunden.« Ute dementiert. Das Haus sei ordentlich und geputzt gewesen.

Dann greift Herr Tappert zum Diktiergerät und nimmt den Sachverhalt auf. Als er fertig ist, frage ich Ute, ob die Kinder jetzt wieder zur Schule gehen.

»Nein, die Kinder gehen im Moment nicht in die Schule!« sagt sie.

Richter und Anwalt sind verblüfft. Mein Anwalt sagt:

»Ich dachte, daß in unserem Land Schulpflicht besteht.«

»Warum gehen die Kinder nicht zur Schule?« will der Richter wissen.

»Weil dort, wo ich hinziehen will, die Schule erst am 31. August beginnt«, antwortet Ute.

»Eben haben Sie mir gesagt, sie wollen erst nach Abschluß des Sorgerechtsverfahrens fortziehen«, sagt Herr Tappert.

»Ja, das stimmt«, sagt Ute schnell, da sie sich wieder gefaßt hat. Ihr ist offensichtlich bewußt geworden, welches Eigentor sie gerade geschossen hat. Herr Tappert ermahnt sie dringend, die Kinder wieder in die Schule zu schicken und sagt ferner:

»Die Besuchsregelung ist in der letzten Verhandlung beschlossen, ich bitte, wer immer das Sorgerecht bekommt, das diese Regelung auch eingehalten wird. Ferner bitte ich Sie, Frau Alteck von einer weiteren Behandlung Annas durch KOBRA abzusehen. Das geschieht nicht, weil das Gericht Bedenken gegen KOBRA hat, sondern weil die Behandlung von Ihrem Mann so entschieden abgelehnt wird. Ich beabsichtige, morgen eine Entscheidung zu treffen.«

Damit ist die Verhandlung geschlossen. Es gehört nicht viel Phantasie dazu, sich auszumalen, wer das Aufenthaltsbestimmungsrecht bekommt. Da er Ute ermahnt hat, die Kinder in die Schule zu schicken, und da er auf die Besuchsregelung verwiesen hat, die ja von ihr mißachtet wurde, hat er wohl die Absicht, ihr das Aufenthaltsbestimmungsrecht zu geben.

Am darauffolgenden Nachmittag, es ist ein Freitag, rufe ich in Vertretung meines Anwalts beim Familiengericht an und erfahre, daß die Entscheidung gegen mich gefallen ist. Obwohl ich es geahnt hatte, begreife ich die Welt nicht mehr. Bislang bin ich davon ausgegangen, daß das Familiengericht zum Wohle der Kinder entscheiden muß. Was muß denn noch alles geschehen, damit das Gericht aufwacht? Ich habe ein schlimmes Wochenende. Ich bin total verzweifelt. Am darauffolgenden Montag ist mein Anwalt nicht erreichbar. So kann ich nicht klären, ob wir etwas gegen diesen Beschluß unternehmen können.

Als ich am Nachmittag nach Hause komme, ist Ute im Haus. Alle Schlösser sind ausgetauscht. Ute läßt mich nicht hinein. Zum zweiten Mal sitze ich auf der Straße. Im Haus sind alle meine Sachen. Von den Nachbarn erfahre ich, daß sie in Begleitung der Polizei am Mittag die Schlösser hat aufbohren lassen. Von Marion aus rufe ich die Kanzlei an. Ein Vertreter meines Anwalts erklärt, daß es möglich ist, daß sie mit Hilfe eines Gerichtsvollziehers ins Haus gegangen ist. Dies hält er nicht gerade für die feine Art, da das Urteil noch nicht zugestellt ist, aber immerhin für möglich. Auf sein Anraten rufe ich die Polizei, da Ute verpflichtet ist, mir meine Sachen herauszugeben. Zwanzig Minuten später stellen die Beamten fest, daß sie tatsächlich beim Gerichtsvollzieher einen Räumungstitel erwirkt hat und somit rechtmäßig im Haus ist. Ich bekomme meinen tragbaren Computer und meine Aktentasche. Sie gibt mir auch meine Prozeßunterlagen und meine Garderobe. Alles andere verweigert sie mir: mein Saxophon, mein Kofferradio, einen Videofilm, den ich gerade auf Goudbol erstellt habe etc. Die Beamten wollen mir nicht helfen.

Ich sitze wieder einmal auf der Straße. Zum Glück sind Beate und Christoph bereit, mich zu beherbergen. Ein Anruf hätte genügt, und ich wäre binnen zwei Tagen ausgezogen. Alles ist so überflüssig und kostspielig.

Am darauffolgenden Tag kommt der gerichtliche Beschluß und die Begründung. Es heißt, daß der Mißbrauchsverdacht der Mutter derzeit noch ungeklärt ist. Dem Gericht lägen keine nachgewiesenen oder nachvollziehbaren Tatsachen vor, aus welchen sich ein eventueller Mißbrauch ableiten ließe. Die Therapie bei KOBRA sei bislang ergebnislos verlaufen, jedenfalls seien dem Gericht keine Anhaltspunkte für die Richtigkeit des Verdachts der Mutter unterbreitet worden. Andererseits lägen dem Gericht auch keine nachgewiesenen oder nachvollziehbaren Umstände vor, die auf eine psychische Erkrankung der Antragsgegnerin schließen ließen.

Die Entscheidung stelle meine Erziehungsfähigkeit keineswegs in Frage, was auch vom Sachverständigen bestätigt sei. Ich müsse mir jedoch vergegenwärtigen, daß Verhaltensweisen wie die vom 1. Juli, dem Kindeswohl in jedem Fall abträglich sind, und eine Wiederholung bei einer Entscheidung über die elterliche Sorge nicht außer acht gelassen werden kann.

Sodann ist die weitere Behandlung Annas bei KOBRA untersagt. Das Gericht ist der Auffassung, daß es im Hinblick auf den Verdacht des sexuellen Mißbrauchs anderweitige Therapie- und Erkenntnismöglichkeiten gibt. Wahrscheinlich wegen der Umzugsfrage ist abschließend gesagt: ›Das der Mutter übertragene Aufenthaltsbestimmungsrecht deckt nicht die einseitige Durchführung eines Schulwechsels der Kinder.‹

Einen Tag später bekomme ich in der Firma Post vom Gerichtsvollzieher, der mir die Räumung der Wohnung in Rechnung stellt. Aus dem mitgesandten Räumungsbeschluß geht hervor, daß mein Schwiegervater bei der Räumung anwesend war. Ich überprüfe das und fahre noch am gleichen Tag nach Ebingen. Es stimmt! Auch als ich eine Woche später am Haus vorbeifahre, ist mein Schwiegervater zugegen. Wenn Ute wirklich Inzestopfer ist, dann ist er der Hauptverdächtige. Ich mache mir die größten Sorgen. Was soll ich jetzt tun?

Wenn Hermann möglicherweise Inzesttäter ist, wer sagt mir, daß er sich nicht auch an meine Kinder heranmacht? Ich will nicht, daß er mit den Kindern im Haus lebt. Nun ja, er ist mittlerweile über sechzig, und Inzesttäter sind im allgemeinen nicht pädophil, trotzdem mache ich mir Sorgen. Normalerweise wendet man sich in einem solchen Fall wohl an das Jugendamt, aber die lachen mich wahrscheinlich aus, oder sie denken, daß ich Anna doch sexuell mißbraucht habe und nun die Schuld auf jemand anderen lenken will. Andererseits bin ich nach wie vor sorgeberechtigter Elternteil und ich muß meiner Sorgepflicht nachkommen.

Wenn ich solch einen Verdacht habe, kann ich ihn nicht einfach für mich behalten. Ich kann gar nicht anders als das Jugendamt informieren. Wenn tatsächlich etwas passiert und sich das in einigen Wochen herausstellt, dann heißt es wohlmöglich noch: Sie wußten doch, daß Ihr Schwiegervater im Haus ist, wieso haben Sie uns nichts gesagt?

Schließlich informiere ich per Brief das Jugendamt: ›Sie werden es grotesk finden – und das ist es auch, da das Kreisjugendamt an der derzeitigen Situation maßgeblich mitgewirkt hat – ich halte es für meine Pflicht, Sie zu informieren, daß meine drei Kinder derzeit bei Abwesenheit der Mutter von meinem Schwiegervater beaufsichtigt werden, der seit dem 24. August mit meiner Familie zusammen wohnt. Es ist möglich, daß mein Schwiegervater jahrelang meine Frau sexuell mißbraucht hat und ich kann nicht ausschließen, daß er sich an meine Kinder heranmachen wird.

Ich wäre Ihnen dankbar, wenn Sie mich umgehend wissen ließen, was ich in dieser Situation tun kann, bzw. was das Kreisjugendamt zu tun gedenkt.

Sofern Sie Zweifel an der Täterschaft haben, verweise ich auf das Schreiben meines Anwalts vom Juni sowie neuere Erkenntnisse, die sich zum einen aus dem Tagebuch meiner Frau ergeben und zum anderen aus sehr deutlichen Hinweisen sowohl von meiner Frau als auch von ihrem Vater. Seien Sie versichert, daß ich nicht zuletzt aufgrund meiner persönlichen Erfahrungen aus den letzten Monaten diesen Vorwurf nicht leichtfertig erhebe.‹

Frau Meier-Theurer ruft mich an und erklärt, ein Gespräch mit Ute und ihrem Vater führen zu wollen.

Am Tag darauf bekomme ich Post von der Staatsanwaltschaft. Diese teilt mir mit, daß das Ermittlungsverfahren gegen die Sachbearbeiter des Jugendamtes und Ute Alteck wegen Kindesentziehung eingestellt ist. Die sogenannte Kindesentziehung sei nur eine Reaktion auf meine Straftat und verständlich. Soweit ich behaupte, die Kinder seien bei der Mutter gefährdet, handele es sich um einen bestrittenen und nicht weiter belegten Parteivortrag.

Natürlich ist der Vorwurf von der Gegenseite bestritten. Ist das jemals anders, wenn jemand eine Anzeige bei der Staatsanwaltschaft macht? Wenn er nicht bestritten wird, ist eine Untersuchung seitens der Staatsanwaltschaft überflüssig. Es ist unglaublich für mich – eine Mutter kann offenbar tun und lassen was sie will! Ein Vater gilt nichts; und ich kann mich des Verdachts nicht erwehren, daß auch meine Staatsangehörigkeit dabei eine Rolle spielt. Immer wieder frage ich mich, wozu in allen Jugendamtsberichten meine niederländische Staatsbürgerschaft erwähnt ist. Ich bin der Ausländer, der Fremde, der, vor dem die deutsche Mutter mit ihren Kindern zu schützen ist.

Ich wende mich erneut an das Jugendamt. In einem zweistündigen Gespräch mit der Vorgesetzten von Frau Meier-Teurer lege ich meine Argumente noch einmal dar, insbesondere mein Unverständnis darüber, sich gegen ein Gutachten auszusprechen und auch die Kinder nicht zu hören. Daneben diskutieren wir noch zwei weitere Themen. Zum einen den Beschluß des Gerichts. Die Mitarbeiterin versichert mir ihr Erstaunen über den Sinneswandel meiner Frau, nun doch in Ebingen wohnen zu bleiben. Also hatte ich mich nicht verhört: Ute hatte umziehen wollen. Dann frage ich sie, ob Frau Meier-Theurer, wie angekündigt, ein Gespräch mit Ute und ihrem Vater geführt hat. Sie sagt mir: »Das hat sie vor ihrem Urlaub gemacht und mich dann kurz informiert. Sie beschrieb die Atmosphäre, in der dieses Gespräch stattfand, als äußerst angespannt. Mehr kann ich Ihnen nicht sagen.«

Endlich der ersehnte Termin bei Professor Tenger, dem Gutachter. Er bittet mich zunächst, meinen Lebensweg in Stichworten darzustellen. Nach etwa zehn Minuten sind wir bei der aktuellen Situation. Ich schildere sie ihm so sachlich wie möglich. Er fragt mich, wieso ich Ute für krank halte. Wir reden über Christophs Einschätzung und meine Zweifel, mein ständiges Schwanken, bei Ute Vorsatz oder Krankheit anzunehmen. Schließlich erzähle ich ihm von Utes Tagebuch, und daß ich seither sehr viel sicherer bin, daß sie wirklich krank ist. »Ich weiß nicht, ob Sie Interesse daran haben, sich das einmal anzuschauen?« frage ich möglichst beiläufig.

Er hat. Ich hole das Buch heraus und gebe es ihm. Er liest die Passage über die Stimme und Utes Traum, in dem ich Anna vergewaltige. Dann gibt er es mir zurück, sagt aber nichts. Insgesamt dauert unsere Unterredung eineinhalb Stunden. Wird er die Situation anders, besser beurteilen? Wenn ich Dr. Schrem glaube, nein. ›Er wird ihr allenfalls einen Wahn bescheinigen‹, hatte er mir in einem Gespräch vor einigen Wochen gesagt, ›und das ist kein Grund für das Familiengericht, der Mutter die Kinder zu nehmen.‹

September 1992 – Utes Reflexion

Ich schlafe seit Monaten nur zwei bis vier Stunden pro Nacht. Darunter leidet meine Konzentration am Tag. Ich muß etwas unternehmen, um irgendwie Abstand von dem Geschehen zu bekommen. Am liebsten würde ich Urlaub machen, aber ich habe keinen Urlaubsanspruch mehr und vor allem kein Geld.

Ich unterhalte mich mit Dr. Schrem darüber. Er meint, daß er mich in eine Klinik für Psychosomatik schicken kann.

»Mit welcher Begründung?«, will ich wissen.

»Depressive Erschöpfung«, ist seine Antwort.

Ich stimme zu und stelle bei der Krankenkasse einen entsprechenden Antrag. Ich hoffe, daß es schnell geht, denn ich bin wirklich am Ende meiner Kräfte.

Helga hat mich zum Kaffee eingeladen. Seit sie im Frühsommer Utes Position angezweifelt hatte, hat sie nichts mehr von ihr gehört. Sie ist über die Maßen enttäuscht und fragt, warum das so ist. Ich kann ihr nur sagen, daß es allen anderen genauso ergangen ist wie ihr. Irgendwann komme ich auf Utes Tagebuch zu sprechen. Helga sagt:

»Ute hat mir damals davon erzählt.«

»Was hat sie dir erzählt?« frage ich.

»Es war kurz nach ihrer Kur. Sie besuchte mich und erzählte, daß ihr seither so viel durch den Kopf geht. Sie erzählte, daß sie geträumt habe, du hättest Anna vergewaltigt, und sie fragte sich, ob dies vielleicht Erinnerungen aus ihrer Kindheit sind.«

»Sie hielt es für möglich, daß es Kindheitserinnerungen sind?« frage ich nach.

»Ja! Sie berichtete von ihren Gefühlen. Es seien so viele Ängste in ihr hochgekommen. Sie fragte mich, ob, wenn wir selbst Inzestopfer wären, wir uns wohl daran erinnern würden.«

»Du meinst, Ute zog damals in Erwägung, daß sie selbst Inzestopfer ist und sich möglicherweise jetzt daran erinnert?«

»Ja genau, das waren ihre Überlegungen.«

Auf dem Rückweg gehen mir Helgas Worte nicht mehr aus dem Sinn. Ute beschäftigte damals also der Gedanke, selbst Inzestopfer zu sein. Das erklärt, warum sie damals so oft davon gesprochen hatte, gern eine Einzeltherapie mit Familienrekonstruktion machen zu wollen. Dabei werden die persönlichen Kindheitserinnerungen in den Zusammenhang mit Erinnerungen der Eltern, Aussagen der Verwandten und historische Daten gestellt. Leider hat sie es nie getan.

Kaum zwei Wochen sind seit meinem Kurantrag vergangen, und es ist alles geregelt. Ich packe meine Sachen und fahre in die Klinik. Die ersten Tage sind noch von den jüngsten Ereignissen geprägt. Ich versuche mehr zu schlafen und gehe viel spazieren. Dreimal in der Woche habe ich eine Psychotherapie.

Anfangs erzähle ich von meinen augenblicklichen Sorgen, aber ich stelle fest, daß mir das nicht hilft. Darüber habe ich bereits mit so vielen Menschen gesprochen. Mein Therapeut meint, daß meine körperlichen Beschwerden keine unangemessene Reaktion auf die Ereignisse sind. Er sagt:

»Sie müssen sich darüber im klaren sein, daß Ihre Beschwerden nach dem Aufenthalt hier wieder in der gleichen Weise auftreten werden. Sie können den Aufenthalt hier lediglich zur Regeneration nutzen.«

Er hat recht; meine Einstellung zu den Dingen wird sich nicht verändern. Ein Vater, der zusehen muß, wie seine Kinder leiden, wird auch durch Psychotherapie nicht zu der Einstellung gelangen, daß das alles nicht so schlimm ist. Wir einigen uns darauf, die Therapie zu nutzen, um die Beziehung zu Ute zu beleuchten und meinen Anteil am Scheitern unserer Ehe zu erkennen.

Oktober 1992 – Depressive Erschöpfung

Seit dreieinhalb Wochen bin ich in der Klinik, und es ist an der Zeit für ein Resümee. Gesundheitlich geht es mir wesentlich besser. Ich schlafe überwiegend sieben bis acht Stunden pro Nacht. Mir ist es gelungen, mich aus allem herauszunehmen. Ich lasse mich sehr bewußt auf meine Mitpatienten ein, weil es mich ablenkt, und es gelingt mir auch mal wieder, ein Buch zu lesen. Der Aufenthalt tut mir gut.

In Gesprächen mit anderen Patienten werden mir immer wieder kritische Fragen gestellt. Ich versuche, aus der neu gewonnen Distanz heraus eine Art Bilanz zu ziehen.

Aus meiner heutigen Sicht weiß ich, daß ich damals die Wirkung der Behauptung ›sexueller Mißbrauch‹ bei weitem unterschätzt habe. Das hat zwei Gründe. Zum einen wußte ich nichts von sexuellem Mißbrauch. Ich hatte mich noch nie mit diesem Thema befaßt und konnte mir darunter auch nichts Konkretes vorstellen. Zum zweiten habe ich lange Zeit versäumt, mich in die Lage der anderen zu versetzen, zu überlegen, wie dieser Vorwurf auf andere wirken muß.

Niemand geht davon aus, daß eine Mutter ohne Indizien eine solche Behauptung gegen ihren Mann ausspricht. Dabei hatte ich Glück. Ich kenne viele Menschen, die nie an mir gezweifelt haben, die niemals angenommen haben, daß ich so etwas getan haben könnte. Wenn diese katastrophale Lebenssituation etwas Gutes hat, dann, daß ich erleben durfte, daß ich echte Freunde habe und wie wichtig das ist. Ohne ihre Hilfe hätte ich das niemals so weit durchgestanden. Doch auch die besten Freunde konnten mir meine Entscheidungen nicht abnehmen. Ich habe ihren Rat gesucht und gehört. Oftmals waren die Positionen kontrovers. Mein Weg aber ist das Ergebnis meiner Entscheidung, und ich werde ihn weiter gehen.

Einmal in der Woche, Freitag mittag, unterbreche ich meine Kur und fahre zum Kinderschutzbund, um die Kinder zu treffen. Seit Ende September läßt mich Ute unsere Kinder zumindest teilweise sehen, das heißt, Anna war bislang noch bei keinem Besuch dabei. Es ist wichtig, jetzt den Kontakt zu den Kindern nicht abreißen zu lassen.

Ich sehe dem Freitag jedesmal mit gemischten Gefühlen entgegen. Zum einen freue ich mich riesig auf die Kinder, zum anderen sind die 400 Kilometer Fahrt unangenehm. Vor allem nach den Besuchsterminen gehen mir wieder viele Dinge durch den Kopf, von denen ich eigentlich Abstand gewinnen will. Sehnsüchtig warte ich auf das Gutachten. Die Kinder erzählen nicht viel von daheim. Ich habe den Eindruck, daß Ute es ihnen verboten hat, aber ich werde sie auch nicht fragen. Das wenige, das ich höre, macht mich immer wieder betroffen.

Offenbar kümmert sich Ute nicht richtig um die Katzen. Die Geschichte ist so kompliziert, daß ich sie selbst nicht richtig überblicke. Was ich weiß, ist, daß auch Maria eine Katze bekommen hat. Im Sommer hatte Ute Annas Katze zu Freunden gebracht, Marias Katze aber zurückgelassen. Seither ist diese verschwunden. Daraufhin hat Ute für Maria eine neue Katze besorgt, als ob ein solches Tier einfach austauschbar wäre. Annas Katze hat mittlerweile Junge bekommen.

Der letzte Stand ist, daß nur noch die jungen Katzen da sind. Die anderen beiden werden vermißt. Auf der zweieinhalbstündigen Rückfahrt beschäftigen mich dann die Gedanken, was wohl in den Kindern vorgehen mag, wenn Ute den Tieren so wenig Aufmerksamkeit schenkt. Und immer wieder frage ich mich, warum das Jugendamt so blind ist.

Ich habe eine junge Frau kennengelernt. Sie heißt Jutta und hat eine Ausbildung als Sozialpädagogin. Wir unterhalten uns sehr viel über meine Situation. Auch für sie, die selbst eine Weile beim Jugendamt gearbeitet hat, ist das Verhalten des Kreisjugendamts nicht nachvollziehbar. Sie ist entsetzt. Ich erfahre, wie andere Jugendämter in einem solchen Fall agieren und welche Möglichkeiten es für eine Jugendamtsmitarbeiterin gibt, zu einer eigenen Position zu kommen. Warum unternimmt in unserem Fall niemand etwas? Warum sind die Kinder noch nie gefragt worden? Eines Tages frage ich Jutta:

»Überlegst du dir nicht manchmal, ob ich meine Kinder vielleicht tatsächlich sexuell mißbraucht habe?«

»Nein«, meint sie, »jetzt nicht mehr. Am Anfang habe ich mich das schon gefragt.«

»Und was macht dich so sicher, daß ich es nicht getan habe?«

»Es ist die Art, wie du von deinen Kindern sprichst. Ich kann dir das nicht erklären, aber diese Art macht mich so sicher. Und die Offenheit, mit der du über das Thema sprichst.«

November 1992 – Bestätigende Lektüre

Mein Klinikaufenthalt ist um vier Wochen verlängert. Ich habe sofort zugestimmt, da ich merke, wie gut es mir in dieser Abschirmung geht.

Zudem bringt mir die Klinik eine Reihe weitere Vorteile, an die ich vorher gar nicht gedacht habe: Ich zahle keine Miete und gebe kein Geld für Verpflegung aus. Mittlerweile habe ich mehr als zwanzigtausend Mark Schulden und Herrn Still gebeten, Gerichtskostenbeihilfe zu beantragen. Allein die Aufwände für meine anwaltliche Vertretung kosten mich soviel, wie ich augenblicklich monatlich zur Verfügung habe. Während Ute zweitausendvierhundert Mark und freies Wohnen hat, verbleiben mir Im Moment etwa 1400 Mark. Davon soll ich eine Unterkunft bezahlen, ein Auto unterhalten, mich verpflegen und die laufenden Kosten des Verfahrens tragen.

In meiner Therapie ist so etwas wie ein Durchbruch gelungen. Ich stelle fest, daß es doch beinahe vier Wochen gedauert hat, bis daß ich mich richtig auf die Therapie einlassen konnte. Das ist, wie ich inzwischen gelernt habe, völlig normal. Am Anfang stand mir der Gedanke im Weg, daß Ute ja möglicherweise krank ist und es von daher unsinnig ist, die Dinge verstehen zu wollen. Mittlerweile sehe ich, daß es keine Rolle spielt, ob sie krank ist oder nicht. Es hat ein Miteinander gegeben, und es macht Sinn, dieses Miteinander anzuschauen.

Ich begreife, wie schwer es für jemanden mit geringem Selbstwertgefühl sein kann, neben mir zu bestehen. Allmählich kristallisiert sich heraus, daß unsere Kommunikation schon seit langer Zeit nicht in Ordnung war. Ute hat mich angefeindet, und ich habe zurückgegeben. Es macht keinen Sinn, heute zu fragen, was der Ursprung, was Aktion und was Reaktion war. Es gilt ganz einfach zu verstehen, wie sich ein solcher Teufelskreis dreht und wo mein persönlicher Anteil daran liegt.

Es gelingt mir, mich besser in ihre Situation hineinzuversetzen. Es muß schlimm sein, selbst unzufrieden und ohne Antrieb zu sein und neben jemandem zu stehen, dem fast alles gelingt, was er sich vorgenommen hat. Zudem hatte ich eine Erwartungshaltung ihr gegenüber aufgebaut. Auch wenn ich sie nicht beschimpft habe, so hat sie doch meine Haltung und meine Mißachtung gespürt. Ganz allmählich beginne ich zu begreifen, daß ihre Unzufriedenheit zu einem Selbstläufer geworden sein muß. Vielleicht hätte eine gute Eheberatung doch helfen können.

Es ist genau ein Jahr her, daß Ute zum ersten Mal behauptet hat, ich hätte Anna sexuell mißbraucht; ein wirklich schlimmer Tag für mich, weil ich ständig daran denken muß. Ein volles Jahr, und es gibt noch keine Klärung. Mittlerweile ist abzusehen, daß Dr. Schrem recht behält und das Gutachten nicht zu dem Schluß kommen wird, daß Ute krank ist. Allein die Tatsache, daß es bislang noch nicht vorliegt, bedeutet ja, daß Professor Tenger keinen dringenden Handlungsbedarf sieht. Wenn er Ute für gestört halten würde, müßte er wegen der Gefährdung der Kinder längst gegutachtet haben.

Heute ist mein Geburtstag, und mir geht es noch viel schlechter als an dem zweifelhaften Jubiläum der letzten Woche. Mir ist meine ausweglose Situation von damals ständig gegenwärtig, und ich erinnere mich meiner Gefühle vom letzten Jahr. Es ist, als durchlebe ich es ein zweites Mal. Den ganzen Tag bin ich ungenießbar.

Ich habe mir zu meinem Geburtstag selbst ein Geschenk gemacht, ein Buch von Professor Jopt [5]. Es ist beinahe unglaublich, was ich darin lese. Jopt lehrt Psychologie an der Universität Bielefeld, ist Familientherapeut und psychologischer Sachverständiger an vielen Familiengerichten. Er schreibt, daß ihm zwar nicht sehr häufig, aber doch mehrmals Frauen begegnet sind, die bei der Trennung nicht nur selbstverständlich ihre Kinder an sich nehmen, sondern auch deren Beziehung zum Vater vollkommen unterbinden wollen, oder, wenn das nicht gelingt, alles in Bewegung setzen, um die Kontakte so selten und zeitlich so begrenzt wie irgend möglich zu halten.

Er bemerkt, daß weder Rache noch Bestrafung der Grund ist. Vielmehr seien die Mütter tatsächlich überzeugt, daß jeder weitere Kontakt zwischen Kindern und Vater nur zu deren Schaden wäre. Weiter schreibt er, daß dadurch die Kinder aufs Bedenklichste gefährdet und deshalb dringlichst staatliche Maßnahmen geboten sein. Der Schlüssel zum Verständnis dieser Menschen liege im wesentlichen in zwei Faktoren. Zum einen sei der Trennung stets eine im psychologischen Sinn dramatische Entwicklung vorangegangen, zum anderen habe er immer wieder festgestellt, daß in der Herkunftsfamilie dieser Mütter Probleme lagen, das heißt in ihren eigenen Erfahrungen als Kind im Zusammenleben mir ihren Eltern. Letzteres sei für das Selbstwertgefühl besonders wichtig. Es sei davon auszugehen, daß ihre persönliche Kindheitsbiographie von einer erheblichen Störung der Eltern-Kind-Beziehung überschattet war. Er stellt fest, daß so ein seinerzeit narzißtisch schwer gestörtes, mit erheblichen emotionalen Defiziten und infolgedessen Selbstwertzweifeln und Minderwertigkeitsgefühlen belastetes Mädchen mit wenig oder gar keinem Vertrauen in die eigenen Kompetenzen aus der Familie entlassen werde.

Es zeige sich, ›daß speziell bei der narzißtisch verletzten Frau durch das Wiedererleben emotionaler Distanz, wie es die Trennung mit sich bringt, die nie vollständig verheilten seelischen Wunden aus früherer Kindheit erneut aufbrechen und sowohl alte kindliche Ängste freisetzen als auch auf Selbstschutz gerichtete Abwehrstrategien mobilisieren.‹

Er stellt fest, daß die meisten Gerichte im Umgang mit solchen schwer gestörten Elternpersönlichkeiten weitgehend hilflos seien und leider immer wieder ›die Kinder nicht nur sorgerechtlich einem psychisch schwer geschädigten Elternteil zuordnen, sondern darüber hinaus auch noch auf dessen

Antrag hin jegliche Umgangskontakte mit dem anderen aussetzen. Damit zwingen sie diese Kinder regelrecht, die eigene Persönlichkeitsentwicklung ausschließlich an einem Elternmodell zu orientieren, dessen psychische Beschränktheit außer Frage steht. Einen anderen Helfer als den staatlichen Wächter gibt es aber nicht.‹

Die Feststellungen eines familienpsychologischen Sachverständigen geben mir also recht. Die Bestätigung tut gut, aber meine Angst, daß niemand diesen Erkenntnissen folgen wird, überwiegt.

Ich denke: Die Trennung von mir wird längerfristig bei unseren Kindern zu schweren Schäden führen. Ihre eigene Bindungsfähigkeit und ihr Fähigkeit zu Vertrauen bleiben vermutlich lebenslang gestört. Darüber hinaus wird ihre eigene Wahrnehmung zutiefst in Frage gestellt. Das eigene und das von der Mutter vermittelte Bild des Vaters passen nicht zusammen.

Utes Gedankenwelt ist vermutlich nicht statisch. Aus den Schriftsätzen kann sie entnehmen, daß ich den Gedanken ausspreche, daß sie selbst Inzestopfer ist. Für sie selbst ist es vermutlich überlebenswichtig geworden, in Anna das Opfer zu sehen. Tagtäglich braucht sie die Bestätigung, daß nicht sie, sondern Anna mißbraucht ist. Ich nehme an, daß sie die Kinder anhält, Gespensterbilder zu malen, denn in den zahlreichen Stunden des betreuten Besuchsrechts haben die Kinder noch nie ein Gespenst gemalt. Auffällig ist, daß Ute selbst in ihr Tagebuch ein Gespenst gemalt hat, als sie von ihrer Vergangenheit eingeholt wurde. Ute wird als Kind ihren Mißbrauch nicht widerspruchslos akzeptiert und still geweint haben. Sie wird mit Sicherheit bei ihrer Mutter Hilfe gesucht haben.

Es ist nur Spekulation, aber es läßt sich vermuten, daß die Mutter auf die Andeutungen der Tochter vielleicht in der Weise reagiert hat, daß Ute sicher nur geträumt habe, daß es sich wahrscheinlich um ein Gespenst gehandelt habe, das an ihrem Bett war. Kinder haben ein anderes Zeitempfinden.

Sechs Monate sind für ein vierjähriges Kind ähnlich wie für uns Erwachsene einige Jahre.

Die Kinder durften sich entscheiden: Sie wurden, nachdem sie ihren Vater bereits seit sechs Monaten nicht gesehen hatten, gefragt, ob sie lieber bei der Mama – in der vertrauten Umgebung mit vertrauten Freunden in der bekannten Schule – bleiben möchten, oder zu ihrem Vater ziehen wollen. Aus der Antwort ›bei der Mama‹ zieht der Gutachter den Schluß, daß die Kinder eine engere Beziehung zu ihrer Mutter haben. Wenn sich ein Erwachsener entscheiden würde, alles ihm Bekannte aufzugeben und zu einem Menschen zu gehen, den er seit Jahren nicht gesehen hat und von dem er nichts weiß, dann würde man ihn für verrückt halten.

Wo leben wir, daß solchen furchtbaren Zusammenhängen mit Paragraphen begegnet wird, daß sich ein Richter nicht mit einem Psychologen zusammentelefonieren kann, daß Kinder in der Obhut der Mutter erst schwer gestört sein müssen, ehe man den Vater überhaupt anzuhören bereit ist?

Wie kann es sein, daß ein Jugendamt Berichte aufgrund der Aussagen einer Mutter verfaßt, von der es weiß, daß sie in wichtigen Punkten bereits die Unwahrheit gesagt hat? – Es gab einmal eine intakte Familie Alteck, in der drei Kinder zwei liebevolle Eltern hatten. Vier Familienmitglieder zeigen heute schwere psychosomatische Reaktionen.

Ich möchte den Richter anrufen und ihm sagen: »Nehmen Sie meiner Frau endlich unsere Kinder weg oder geben Sie ihr das Sorgerecht! Solange ich Sorgeberechtigter bin, kann ich nicht zusehen, da kämpfe ich bis zu meiner absoluten Erschöpfung. Außer mir haben unsere Kinder niemanden, der für ihr Recht auf psychische Unversehrtheit eintritt. An dem Tag, an dem meine Frau das alleinige Sorgerecht erhält, werde ich mich zurückziehen. Dann weiß ich, daß dieser Staat mich aus der Verantwortung entläßt. Ich hoffe für Anna, Maria und Ivon, daß dieser Fall niemals eintritt, aber ich weiß auch, daß ich die augenblickliche Situation nicht lange durchstehen kann.«

Dezember 1992 – Utes Verschwinden

Nach zwölfwöchigem Klinikaufenthalt fahre ich zurück. Es war eine interessante Zeit, in der ich viel über mich und andere gelernt habe. Insgesamt hat sich mein Horizont durch diesen Aufenthalt erweitert. Ironie des Schicksals ist, daß ich dort einige Frauen getroffen habe, die sexuell mißbraucht worden sind. In den vielen und langen Gesprächen mit ihnen glaube ich ein wenig gelernt zu haben nachzuempfinden, wie überaus katastrophal es um ihr Selbtwertgefühl steht und welche Probleme heute für sie daraus resultieren. Bei vielen ist an ein ›normales‹ Leben nicht mehr zu denken; Ängste, Minderwertigkeitsgefühle und Mißtrauen bestimmen ihren Alltag.

Ich gehe in die Waldorfschule, wo ich mit Marias Lehrerin verabredet bin. Wir sehen uns zum ersten Mal. Auf dem Flur treffe ich Maria, die aufgrund unserer Begegnung etwas verstört ist. Ich frage mich, was Ute ihr gesagt hat. Im Gespräch mit Frau Winkeler höre ich Vorwürfe.
  Sie geht davon aus, daß ich meine Kinder mißbraucht habe. Ute habe ihr das erzählt und auch von den schrecklichen Bildern gesprochen, die die Kinder immer malen. Ich frage sie, ob sie die Bilder gesehen hat, was sie verneint. Ich erkläre, daß offenbar noch niemand diese Bilder gesehen hat, und daß Ute lügt. Das glaubt sie nicht.
  »Herr Alteck, niemand behauptet so etwas ohne Grund!«
  Das ist ihre Position, von der ich sie auch nicht abbringen kann. Über Maria erfahre ich, daß sie in der Schule gut mitkommt, aber auch des öfteren fehlt; häufig wegen Bauchschmerzen und Erbrechen, allerdings immer nur einen Tag.

Am Abend telefoniere ich mit dem WEISSEN RING. Wenn es dort Geld gibt, dann möchte ich auch welches haben. Meine Bank hat mir mittlerweile meine Scheckkarte abgenommen. Man sagt mir, daß eine Unterstützung durch den WEISSEN

RING möglich ist, Grundvoraussetzung sei jedoch eine Strafanzeige. Seither frage ich mich, wie Ute ohne Strafantrag an eine Unterstützung gekommen ist, und ich frage mich, wieviel sie bekommen hat. Hat sie Bargeld bekommen, oder wurde ihr die Reise bezahlt? Irgendwann, nach dieser Auseinandersetzung, werde ich das in Erfahrung zu bringen versuchen.

Wieder bin ich in der Schule. Heute treffe ich Annas Lehrerin. Während unseres Gespräches piept mein Cityrufempfänger und ich bekomme die Nachricht, daß das betreute Besuchsrecht nicht stattfinden wird. Als ich später beim Kinderschutzbund anrufe, erreiche ich nur den Anrufbeantworter.

Am Nachmittag fahre ich zur Staatsanwaltschaft in Stuttgart und erstatte Anzeige wegen schwerer Verleumdung und seelischer Kindesmißhandlung. Ich füge meinem Antrag das Tonbandprotokoll der Kinder über die Gespensterverbrennung und das Protokoll der Sitzung des Familiengerichts zu, in der Ute den Tathergang bestätigt hat. Es ist kein gutes Gefühl, die eigene Frau und die Mutter der eigenen Kinder anzuzeigen, aber ich brauche dringend Geld vom WEISSEN RING.
    Bei meinem Rechtsanwalt habe ich Gelegenheit, Einsicht in meine Strafakte zu nehmen. Das ist wirklich interessant. Ich nehme mir viel Zeit dafür.

Endlich erfahre ich, was die Kripo die ganze Zeit über gemacht hat. Der Ermittlungsbericht sagt aus, daß unmittelbar nach Erstattung der Anzeige eine bundesweite Fahndung gegen mich anlief und alle Grenzschutzstellen informiert wurden. Die Fahndung richtete sich gegen mich und die Kinder sowie gegen beide Kraftfahrzeuge. Die Ermittlungen an meinem Wohnort verliefen ergebnislos. Am folgenden Tag wurden die Kollegen in der Firma befragt und ein Haftbefehl erwirkt. Danach reihen sich die Hinweise von Ute aneinander. Jeden zweiten Tag nennt sie der Polizei einen anderen möglichen Aufenthaltsort. Interessant ist, was die Kollegen vor Ort über den Fernschreiber zurückschicken. Es ist die Aussage der jeweils gehörten Freunde und Bekannten. Ganz obskure Sachen kommen dabei zu Tage.

Irgendjemand erklärt, daß ich ihm gegenüber geäußert habe, ich wolle mich einer Sekte im Schwarzwald anschließen, die in völliger Abgeschiedenheit ein Haus besitzt. Per Fernschreiben wird gebeten, entsprechende Objekte zu überprüfen. Aus dem Fernschreibverkehr ergibt sich auch, daß die Polizei mehrere Gebäude, so zum Beispiel das Wochenendhaus von Utes Eltern, tagelang observiert hat. Bereits drei Tage nach meiner Tat – ich bin zu dieser Zeit im Schwarzwald –, erklärt Ute der Kripo, daß sie nunmehr Gewißheit habe, daß ich auf Goudbol sei.

INTERPOL wird verständigt – ergebnislos. Mein Brief an den Richter sorgt für Verwirrung, da der Poststempel einen Nachbarort vom Wohnsitz ausweist – zu einer Zeit, da man mich im Ausland wähnt. Ermittlungen bei der Krankenkasse gehen ins Leere; Alteck habe keinen Auslandskrankenschein angefordert. Es gibt auch keine Kontobewegungen, weder bei der Kreissparkasse, noch bei American Express. Die Sachbearbeiterin der Kreissparkasse versichert der Kripo, sich gegebenenfalls unaufgefordert zu melden. Es ist doch beruhigend, wenn man sich auf seine Hausbank verlassen kann! Dann erfährt die Kripo, daß ich mit dem Kreisjugendamt telefoniere, und versucht eine Fangschaltung zu installieren. Das geht aber auf einer Nebenstellenanlage nicht.

Der Versuch, aus meinen Faxen meinen Aufenthaltsort zu bestimmen, scheitert, da ich die entsprechende Informationszeile gelöscht habe. Und schließlich ist den Unterlagen zu entnehmen, daß die Staatsanwaltschaft bereits die Aussetzung des Haftbefehls für den Fall veranlaßt hatte, daß ich die Kinder zurückbringe und mich stelle. Der Haftrichter hätte mich also gar nicht zurückhalten können.

14. Dezember: Mein erster Arbeitstag seit einem Vierteljahr. Gegen zehn Uhr ruft man mich vom Kinderschutzbund an.

»Herr Alteck, Ihre Frau hat mich unterrichtet, daß auch am kommenden Freitag kein Besuchstermin sein wird. Ihre Frau ist mit den Kindern in Ferien und kommt erst mit Beginn der Schule zurück, so daß der nächste Termin dann der 15. Januar sein wird.«

»Hat meine Frau Ihnen darüber hinaus irgendetwas gesagt?« frage ich ziemlich verstört.

»Nein«, ist die Antwort, »ich kann Ihnen weiter nichts sagen.«

Unmittelbar danach rufe ich in der Schule an und erfahre, daß die Ferien erst in der kommenden Woche beginnen.

Schon wieder bin ich in der Schule. Diesmal, um mich zu erkundigen, was die Schule nach dem neuerlichen Verstoß gegen die Schulpflicht zu tun gedenkt. Im Lehrerzimmer treffe ich die Russischlehrerin. Sie blickt mich ganz erschrocken an und sagt:

»Gestern in der Konferenz wurde beschlossen, daß Sie Hausverbot haben, ich muß Sie bitten, das Gebäude zu verlassen.«

»Warum?« ist meine Frage.

»Weil Sie Ihre Tochter sexuell mißbraucht haben«, die Antwort.

Später spreche ich mit Frau Meier-Theurer und unterrichte sie von der neuerlichen Mißachtung der Schulpflicht. Sie hat kein Interesse. Wir sprechen dann noch über die Besuchskontakte. Sie hört zum erstenmal, daß sie nicht funktionieren. Ich frage sie, ob sie mit dem Kinderschutzbund in Kontakt steht. »Nein«, ist ihre lapidare Antwort. Am Abend schreibe ich der Schule einen bösen Brief. Ich schreibe, daß ich das Hausverbot nicht hinnehme und fordere sie auf, das Schulamt in Kenntnis zu setzen. Ich drohe damit, das gegebenenfalls selbst zu tun, was ein seltsames Licht auf die Schule werfen würde.

Es geht mit großen Schritten auf Weihnachten zu. Wahrscheinlich wird es eine zweite Weihnacht ohne Kinder. Damit ist meine größte Hoffnung, daß es vor Weihnachten noch zu einer Entscheidung kommen könnte, dahin. Ein Brief meines Anwalts an das Gericht, in dem er die neuerliche Mißachtung der Schulpflicht anzeigt, bleibt ohne Reaktion. Am Freitag vormittag besuche ich einen Repräsentanten des WEISSEN RINGS in seinen Diensträumen bei der Kriminalpolizei.

Wir unterhalten uns etwa eine halbe Stunde. Er kennt aus seiner Praxis hinreichend viele dieser Beispiele und rät mir, die Sache auf sich beruhen zu lassen. Würde er es auch so machen, wenn es um seine Kinder ginge? Welche Beziehung haben die Männer zu ihren Kindern, die mir sagen:

›Vergessen Sie es, Herr Alteck, Sie haben keine Möglichkeit, sich dagegen zu wehren – fangen Sie irgendwo neu an.‹

Letztlich sagt er mir zu, sich für eine finanzielle Hilfe stark zu machen, betont aber ausdrücklich, daß er sie mir nicht garantieren kann, vor allem, da ich nominell ein recht hohes Einkommen habe.

Ich versuche, nicht daran zu denken, daß Weihnachten ist. Von den Kindern und Ute weiß ich nichts. Ich weine sehr viel. Je mehr ich es zu verdrängen versuche, um so gegenwärtiger ist es mir. Auch Utes Eltern haben mir glaubhaft versichert, nichts über ihren Aufenthaltsort zu wissen. Am zweiten Feiertag besuche ich meine Eltern.

Meine Mutter überschüttet mich mit Fragen. Über eine Cousine hat sie erfahren, daß die Kinder wieder bei Ute sind. Ich hatte es ihr verschwiegen, um sie nicht noch mehr in Sorge zu bringen. Sie leidet furchtbar unter der Situation. Bislang habe ich meine Eltern nur scheibchenweise informiert. Sie sind beide über sechzig und müssen meiner Meinung nach nicht den vollen Umfang der Katastrophe kennen. Sie schlafen so schon schlecht genug. Aber meine Mutter hört nicht auf, mir Vorhaltungen deswegen zu machen. Sie möchte die ganze Wahrheit wissen. Schließlich lasse ich mich überreden und gebe ihr meine Tagebuchaufzeichnungen. Ich kann das ständige Drängen und Fragen nicht mehr ertragen.

Vom Gericht kommt ein neuer Jugendamtsbericht. Ich kann und will es einfach nicht glauben. Wieso rufe ich das Jugendamt an und erzähle ihnen, daß die Besuchskontakte nicht funktionieren? Wozu informiere ich sie, daß die Kinder die Schule nicht besuchen? Nichts von alledem ist erwähnt.

Es ist eine seitenlange Wiederholung von Utes Aussagen: wie schlecht es den Kindern vor und nach den Besuchskontakten geht und was für angstbesetzte Bilder sie malen. Von einem Gespenst in Phallusform ist die Rede.

Dann gibt es noch einen Brief von der Staatsanwaltschaft. Er informiert mich über die Einstellung des Verfahrens gegen Ute. Ich habe nicht eindeutig dargestellt wann sie wem gegenüber, was gesagt hat. Zum Interview wird gesagt, daß ein Strafantrag wegen Verleumdung, wenn überhaupt öffentliches Interesse besteht, nur binnen drei Monaten gestellt werden kann. Mein Glaube in die Rechtsstaatlichkeit ist zutiefst erschüttert. Ich bin kurz davor, alles hinzuschmeißen. Diese Ignoranz von allen Seiten, diese mangelnde Sorgfalt. Ich kann damit nicht umgehen. Das einzige Ergebnis ist, daß der WEISSE RING meinem Anwalt einen Scheck über 250,- Mark schickt, um mich in meinem Bemühen zu unterstützen.

Januar 1993 – Tod meiner Mutter / Strafprozeß

Die Jahreswende erlebe ich mit Jutta. Ich bin schon wieder umgezogen. Diesmal wohne ich bei Freunden, die ihr Haus gerade nicht nutzen. Von den Kindern und Ute fehlt jede Spur. Es ist nicht einmal herauszubekommen, ob das Haus versorgt wird. Wir haben eine Frostperiode von bis zu acht Minusgraden. An solchen Tagen verbraucht die Heizung eine Menge Öl und ich bin sicher, daß Ute nicht nachgetankt hat. Es ist durchaus möglich, daß die Heizung nicht läuft und die Wasserrohre einfrieren.

Es ist Mitte Januar: Endlich ist das Gutachten von Professor Tenger da. Ich stürze mich sofort darauf. Eine halbe Stunde später weiß ich, daß Dr. Schrem recht behalten hat. Meine Ausführungen hat der Gutachter nicht ernst genommen. Er hat mir nur die Hälfte geglaubt, da ich streitende Partei bin. Vermutlich unterstellt er mir, daß ich mich auf diese Weise raffiniert Utes böswillige Behauptung zu erwehren versuche.

Immerhin hat er erkannt, daß Ute ihre Rolle als Hausfrau und Mutter nicht mag und dies deutlich zum Ausdruck gebracht. Er schreibt, daß sie ihre Rolle als ungerecht und subaltern empfindet, und daß sich an dieser Einstellung auch in Zukunft wenig ändern dürfte. Zudem gibt er dem Gericht zu bedenken, daß es sich bei Utes Vorwurf um eine vorsätzliche Falschbehauptung handeln könnte. Vielleicht hilft mir das; jedenfalls bescheinigt er beiden Eltern geistige Gesundheit.

Spät am Abend komme ich aus Dresden zurück, wo ich Jutta besucht hatte. Ich finde einen Zettel, daß ich dringend meinen Vater anrufen soll.

»Ich habe deine Nachricht gefunden, was gibt es?«
Mein Vater weint.
»Mutti ist tot – sie hat sich vergangene Nacht das Leben genommen. Seit du ihr das Buch gegeben hast, hat sie nicht mehr geschlafen. Sie hat immer wieder in das Buch geschaut

und gesagt: ›Wie kann das sein?‹ Gestern war sie bei Freunden auf der Silberhochzeit. Da sollen auch sehr viele Kinder gewesen sein. Ich denke, daß sie das nicht verkraftet hat.«

Meine Mutter hat sich das Leben genommen. Ich weine, weine, weine. Niemand kann diesen Schritt besser verstehen als ich, und doch ist er so schrecklich. Es hilft meinen Kindern nicht, es hilft mir nicht, nur meine Mutter hat für sich einen Ausweg aus der Verzweiflung gefunden, einen Weg, den ich selbst meiner Kinder wegen nicht gehen kann.

Ich fahre am nächsten Tag zu meinem Vater und bleibe bis zur Bestattung dort. Zu meinem Schmerz kommt jetzt noch mein schlechtes Gewissen. Wieso habe ich meiner Mutter meine Aufzeichnungen gegeben? Ich hätte doch wissen müssen, daß die Wahrheit zu viel für sie ist. Warum habe ich ihrem Drängen nachgegeben?

Es ist bereits der zweite Montag nach Ende der Schulferien. Ute ist immer noch nicht zurückgekehrt und die Kinder sind nicht in der Schule. Ich mache mir große Sorgen. Annas Lehrerin sagt, daß bislang auch kein ärztliches Attest vorliegt. Noch einmal schreibe ich dem Kreisjugendamt. Dort hat man kein Interesse, mit mir zu sprechen. Immerhin sagt mir Frau Meier-Theurer zu, ein gemeinsames Gespräch mit Ute und mir vereinbaren zu wollen. Mir wäre es sehr lieb, da wir viele ungeklärte Dinge ansprechen könnten. Sie hofft, Ute über ihre Anwältin erreichen zu können.

Am Nachmittag ruft sie mich zurück und informiert mich, daß Ute und die Kinder wieder da sind und die Kinder wieder in die Schule gehen werden. Als ich am Abend zu Christel und Hilmar komme und diese Neuigkeit verbreite, erzählt mir Marita, daß sie sogar wisse, wo Ute wohnt:

»Ich sah Utes Auto vor mir an der Ampel stehen, da bin ich ihr nachgefahren. Sie fuhr nach Neuweil, parkte das Auto und ging mit den Kindern und ihren Einkaufstaschen in ein Haus. Die Adresse habe ich dir notiert.«

Ich verstehe nicht, warum sie nicht zu Hause wohnt.

Utes Anwältin schreibt, daß ich die Kinder immer wieder in der Schule zu treffen versucht hätte und außerdem dabei beobachtet worden sei, wie ich die Kinder heimlich fotografierte. Nein, verdammt noch mal! Erst soll ich eine Strafanzeige gegen meinen Schwiegervater erstattet haben, nun die Kinder fotografiert haben und zudem ständig in der Schule auftauchen. Es ist einfach nicht wahr!

Strafprozeßtag: Ein seltsames Gefühl, wach zu werden und zu wissen, daß ich heute vor Gericht stehen werde. Ich versuche, meine Nervosität zu verbergen. Ich treffe Herrn Still, meinen neuen Anwalt, vor dem Gebäude. Fünf Minuten vor Verhandlungsbeginn kommt auch Ute. Sie steht weit abseits und unterhält sich mit einer Frau, die ich nicht kenne.

Als wir den Saal betreten, sehen wir eine Handvoll Zuschauer dort sitzen, Schüler, Rentner und eine Frau mittleren Alters. »Kennen Sie die?« will Herr Still wissen. »Nein, ich habe sie noch nie gesehen.« Kaum haben wir Platz genommen, tritt das Gericht zusammen.

Der Richter eröffnet die Verhandlung. Er bittet Ute, draußen zu warten, da sie als Zeugin geladen ist. Dann vernimmt er mich zur Sache. Dabei stellt er präzise Fragen zu den Ereignissen, die dem Kindesentzug vorausgegangen sind. Schließlich will er überraschend wissen, ob denn das Besuchsrecht nunmehr funktioniert.

»Nein«, sage ich, »von einundzwanzig möglichen Terminen sind überhaupt nur acht zustande gekommen. Ich habe meine Kinder bereits seit Mitte November nicht mehr gesehen.«

Darauf sagt der Richter, daß er fertig sei und er selbst kein Interesse habe, die Zeugin zu vernehmen. Auch die Staatsanwältin und Herrn Still haben keine Fragen an Ute. Der Richter ruft sie in den Saal. Sie kommt herein, legt zwei Ordner auf einen Stuhl und zieht ihren Mantel aus. Dann wendet sie sich dem Richter zu. Der erklärt:

»Frau Alteck, das Gericht wird auf Ihre Aussage verzichten. Ihre Auslagen bekommen sie selbstverständlich ersetzt. Wenn Sie möchten, können Sie jetzt im Zuschauerraum Platz nehmen.«

Ute ist sauer. Irgendwie hat er ihr den Auftritt vermasselt; so sieht sie jedenfalls aus. Auf einen Wink des Richters erhebt sich die Staatsanwältin und beginnt mit ihrem Plädoyer. Sie hebt hervor, daß ich die Tat nicht bestreite und meine Motive nachvollziehbar seien, insbesondere die psychische Anspannung aufgrund der Situation. Schließlich hält sie ein Strafmaß von vier Monaten Freiheitsstrafe auf Bewährung für angemessen. Jetzt ist Herr Still an der Reihe.

Er bezweifelt, daß es Kindesentzug unter Eheleuten überhaupt gibt, hält das Recht für äußerst unklar und plädiert für einen Freispruch. Das Gericht zieht sich zur Beratung zurück und ich gehe mit meinem Anwalt hinaus.

»Hui«, meint er, »da werden wir wohl in die Berufung müssen.«

»Wieso«, frage ich ihn, »ist das schlimm?«

»Ach so! Vier Monate auf Bewährung stören Sie nicht? Dann ist auch gut.«

»Ich habe kein Problem damit, verurteilt zu werden, weil ich mich für das Wohl meiner Kinder eingesetzt habe«, erkläre ich und zitiere das Bundesverfassungsgericht mit einem Spruch, den ich Jopts Buch [5] entnommen habe: ›Eine Verfassung, die die Würde des Menschen in den Mittelpunkt ihres Wertesystems stellt, kann bei der Ordnung zwischenmenschlicher Beziehungen grundsätzlich niemandem Rechte an der Person eines anderen einräumen, die nicht zugleich pflichtgebunden sind und die Menschenwürde des anderen respektieren.

Das Interesse des Kindes ist auf eine kindheitslange unauflösliche Eltern-Kind-Beziehung gerichtet. Es entspricht den Erkenntnissen in allen kinderkundlichen Wissenschaftsbereichen, daß die Dauerhaftigkeit familiärer Sozialbeziehungen heute als entscheidende Grundlage für eine stabile und gesunde psychosoziale Entwicklung des heranwachsenden Menschen gesehen wird.

Für die Eltern ergibt sich damit die Verpflichtung, die regelmäßig mit der Trennung verbundene Schädigung nach Möglichkeit zu mildern und eine vernünftige, den Interessen des Kindes entsprechende Lösung für seine Pflege und Erziehung sowie seine weiteren persönlichen Beziehungen zu ihnen zu finden.‹

Wir gehen wieder hinein. Ich wende mich an Ute und frage sie:
»Werde ich morgen beim Kinderschutzbund die Kinder sehen?«
»Keine Diskussion hier!« ist ihre barsche Antwort.
Die Staatsanwältin ist irritiert. Unabhängig davon, was Ute wirklich macht, sollte man doch annehmen, daß sie sich in diesem Kreis kooperativ zeigt. Herr Still sagt zu Ute, daß ich doch gar nicht diskutiert habe. Ute stellt sich taub. Dann kommt der Richter wieder herein und verkündet das Urteil. Ich werde zu vierzig Tagessätzen von je vierzig Mark verurteilt. Als Schlußwort sagt er, daß alles weitere jetzt Sache des Familiengerichts ist und er seinen Kollegen Tappert um diese Aufgabe nicht beneide. Damit ist der Prozeß beendet. Mein Anwalt und ich gehen eine Tasse Kaffee trinken. Wir sind uns einig, daß es keinen Sinn macht, eine weitere Instanz anzurufen. Ich kann mit dem Ergebnis leben.

Jutta nimmt die Tageszeitung und liest mir den Bericht der Verhandlung laut vor:
›Wir wissen nicht, was diese Ehe dermaßen kaputt gemacht hat, können uns nur vorstellen, wie die Kinder leiden. Erlebten einen Mann, der vor Richter Scheiring im Amtsgericht in Tränen ausbrach, als er schilderte, wie seine Frau ihn von seinen Kindern fernhält, erlebten eine Frau, die zwar als Zeugin geladen war, auf deren Aussage jedoch verzichtet wurde, nachdem der Angeklagte den objektiven Tathergang

eingeräumt hatte, eine Frau, die mit zwei gewichtig anklagenden Aktenordnern erschienen war, die aus der letzten Reihe im Saal kommentierte, was der Rechtsanwalt zur Verteidigung seines Mandanten vortrug.‹

Danach kommt eine kurze Schilderung des Tatgeschehens und der Vorgeschichte einschließlich der Vatergespenstverbrennung, und dann heißt es:

›Sicher hätte man Psychologen, Jugendamt und Kinderschutzbund heranziehen können, um in einem grundsätzlichen Mammutverfahren zu klären, wieviel Schaden Mutterliebe anrichten kann, ob da moralische Schuld auf welcher Seite, ob da moralisches Recht auf welcher anderen ist. Aber an dieser Stelle konnte es nur um den objektiven Tatbestand gehen: Ein Vater hatte seine Kinder der Mutter entzogen. Diesen Tatbestand ahndete Richter Scheiring mit einer Geldstrafe in Höhe von 1600 Mark. Das letzte Urteil wird der Familienrichter zu fällen haben.‹

Diesen Artikel hat jemand geschrieben, der begriffen hat, worum es geht. Es tut gut, so viel Verständnis zu finden, aber wem hilft es? Macht dieser Artikel es den Kindern oder mir leichter? Möglicherweise wird der eine oder andere im Ort seine Meinung ändern. Auf der anderen Seite macht es mich betroffen, daß die schreckliche Lebensgeschichte meiner Kinder jetzt bereits ein Viertel einer Zeitungsseite in der Samstagsausgabe füllt.

Es ist beinahe überflüssig zu erwähnen, daß das Besuchsrecht am Tag nach der Verhandlung nicht stattgefunden hat. Ute hat sich beim Kinderschutzbund nicht gemeldet und war auch nicht zu erreichen. Frau Meier-Theurer ruft an:

»Herr Alteck, ich habe mit Ihrer Frau telefoniert. Sie ist zur Zeit nicht an einem gemeinsamen Gespräch interessiert. Darüberhinaus erklärte sie mir, daß sie nicht mehr im Kalkweg wohnen wird. Die Kinder gehen zur Zeit nicht in die Schule und sie habe auch nicht die Absicht, sie vor der Verhandlung wieder dorthin zu schicken. Ich habe vorhin mit

der Lehrerin gesprochen«, sagt sie, »Ihre Frau hat beide Kinder bereits vor zwei Tagen krank gemeldet.«
»Wissen Sie, wo meine Frau jetzt ist?«
»Das wollte sie mir nicht sagen«, ist ihre Antwort.
»Wissen Sie, daß das betreute Besuchsrecht am Freitag wieder nicht funktioniert hat?« frage ich als nächstes.
»Ja«, antwortet sie, »Ihre Frau hat gegenüber dem Kinderschutzbund behauptet, der Richter habe die Besuchskontakte vorläufig ausgesetzt. Als ich Herrn Tappert darauf ansprach, sagte er mir, daß es nicht wahr ist und es auch keinen Antrag in dieser Richtung gäbe. Die Schule hat mir erklärt, daß sie jetzt das Schulamt informiert, und Frau Winkeler, die Lehrerin, will Herrn Tappert schreiben.«

Nach dem Gespräch denke ich: Jetzt müssen sich doch ein paar Leute ziemlich betrogen vorkommen. Das soll mir recht sein. Ich habe Frau Meier-Theurer noch nie so unsicher erlebt wie in diesem Telefonat.

Jeden Abend fahre ich auf dem Weg zu meiner Schlafstätte durch den Kalkweg und werfe einen Blick auf das Haus. Bislang war es immer unbeleuchtet und offensichtlich leer. Heute ist es hell erleuchtet. Vor dem Haus stehen zwei Fahrzeuge, beide mit geöffneter Heckklappe. Im Vorbeifahren sehe ich einen mir unbekannten Mann in der Haustür verschwinden. Dann wende ich, fahre zurück und notiere mir die Kennzeichen der Autos. Jemand trägt eine Kiste aus dem Haus. Ute ist nicht zu sehen. Das ist ja ein netter Umzug!
So schnell wie möglich fahre ich zur Telefonzelle und rufe Herrn Still an. Wie sich herausstellt, ist er gerade unterwegs. Zwanzig Minuten später meldet er sich. Nachdem ich ihm die Sachlage erläutert habe, meint er, daß damit der Tatbestand der Unterschlagung von gemeinsamen Hausrat vorläge und rät mir, die Polizei zu informieren. Die haben tausend Fragen und keine Lust, etwas zu unternehmen. Was sie denn meiner Meinung nach machen sollen, wollen sie wissen. Ich schlage vor, daß sie die Personalien der Leute feststellen und

sie auffordern, die Dinge wieder ins Haus zu bringen. Wir verabreden uns vor dem Haus.

Eine Viertelstunde später treffen wir uns. Die Räuber sind bereits verschwunden. Wahrscheinlich hat Ute mein Auto erkannt und kalte Füße bekommen. Die Polizisten fahren wieder weg und ich informiere meinen Anwalt. Er wendet sich mit einem weiteren Schreiben an das Familiengericht und beantragt, mir die Wohnung zuzuweisen.

Februar 1993 – Neuerliches Chaos / Das Urteil

Als ich aufwache, nehme ich meine Umwelt verändert wahr. Irgend etwas stimmt nicht. Alle Geräusche sind dumpf und weit weg. Ich fühle mich, als ob zwischen der Welt und mir eine dicke Glasscheibe wäre. Das Geräusch des plätschernden Wassers beim Duschen ist beängstigend laut und ruft in meinen Ohren ein dumpfes Gefühl, beinahe Schmerz hervor.

Ich rufe meinen Hausarzt an und bekomme auch gleich einen Termin. Eine halbe Stunde später schildere ich ihm die Symptome. Er nimmt eine Stimmgabel und drückt sie mir mitten auf meinen Kopf. Ich höre auf dem rechten Ohr nichts und bekomme es mit der Angst zu tun. »Ich werde Sie zu einem Hals-Nasen-Ohrenarzt überweisen«, sagt er, »gehen Sie sofort hin, das sieht nicht schön aus.«

Eine Stunde später bin ich beim HNO. Die Assistentin nimmt eine Hörkurve auf. Man erkennt, daß ich auf einem Ohr keine tiefen Töne hören kann. »Das ist ein Hörsturz«, sagt der Arzt und fragt:

»Sind Sie zur Zeit beruflich stark beansprucht?«

»Privat stehe ich unter einer ungeheuren Anspannung«, sage ich.

»Das sollten Sie abstellen!« meint er, schreibt mir ein Beruhigungsmittel auf und legt mich an eine Infusion.

Zwei Stunden später schickt er mich nach Hause und ermahnt mich noch einmal eindringlich, mich zurückzunehmen. Wenn das so leicht wäre! Am Abend läßt das schreckliche Gefühl des Ausgeschlossenseins nach; der Druck baut sich ab. Ich entschließe mich, die Beruhigungstabletten nicht zu nehmen. Am nächsten Morgen ist die Hörkurve wieder normal und ich habe keine Beschwerden mehr. Welch ein Glück! Ich nehme die Warnung ernst. Ich muß mich zurücknehmen. So geht es nicht weiter.

Vom Gericht bekomme ich die Wohnung zugewiesen. Sofort fahre ich zum Haus. Wie wird es dort aussehen? Wird der

Frost Schäden angerichtet haben? Hat Ute bereits alles ausgeräumt? Da die Scheibe in der Garage trotz allen Drängens noch nicht repariert ist, habe ich keine Mühe, dort einzusteigen. In der Garage finde ich auch die Bohrmaschine, um die Schlösser aufzubohren. In der Garage und dem Haus sieht es wieder verheerend aus.

Kisten mit Leergut und andere mit Bastelsachen, Schuhe und Jacken liegen auf dem Boden herum. Ich gehe schnell durch alle Zimmer. Die große Uhr fehlt, mein Saxophon habe ich nicht gefunden. Fernseher, Videorekorder, Videokamera, Fotoausrüstung, Fernglas und vieles andere ist weg. Es hängt kein einziges Bild mehr im Haus. Erleichtert stelle ich fest, daß keine Rohre eingefroren sind und alles Lebensnotwendige in der Küche noch vorhanden ist. Am späten Nachmittag leihe ich mir von Freunden eine Videokamera, mit der ich durch das ganze Haus laufe, bevor ich anfange, aufzuräumen. Das Jugendamt hat es abgelehnt, vorbeizukommen und sich das anzusehen. Ich habe beschlossen, mich nicht mehr darüber aufzuregen. Jutta ist meine Zeugin, das muß genügen.

Seit über einer Woche räumen Jutta und ich auf und putzen die Wohnung. Ich habe mir dazu ein paar Tage frei genommen. Es ist nicht zu beschreiben. Wie soll man jemandem erklären, daß das Aufräumen und Reinigen eines Badezimmers zehn Stunden Arbeit kostet?

Ähnlich wie im Sommer findet sich wieder in jeder Schublade und jedem Schrank alles: vom Kinderspielzeug bis zu schmutziger Wäsche, ungeöffnete Briefe und Medikamente. Insgesamt 122 Medikamente, obwohl ich im Sommer alle weggeworfen hatte. Es sind überwiegend freiverkäufliche pflanzliche Arzneien und eine Reihe von Breitbandantibiotika.

Wieso interessiert sich kein Mensch dafür, wenn eine Mutter ihre Kinder mit Medikamenten füttert? Aus allen Räumen haben wir die Schmutzwäsche zusammengetragen. Die Waschmaschine läuft ununterbrochen.

Alle teueren Gegenstände sind fortgeschafft, aber viel interessanter ist, zu sehen, was noch vorhanden ist. Mich beschäftigt der Gedanke, wie Ute ohne Kochtöpfe und Küchengeräte, Bügeleisen, Bettwäsche und Schminkkoffer leben kann. Fast ihre gesamte Garderobe ist im Haus, ebenso fast alle Sachen von Maria und Ivon. Nur Annas Dinge sind weitestgehend gepackt. Das macht mir wieder einmal deutlich, daß Anna eine besondere Rolle bei Ute spielt. Wieso sind Ute veräußerbare Wertgegenstände wichtiger als die Spielsachen und Schmusetiere der Kinder?

Auch Jutta steht fassungslos vor diesem Chaos. »Wenn du mir das erzählt hättest, hätte ich dir nicht geglaubt«, sagt sie. Bei der Aufräumarbeit verfluche ich unablässig Professor Tenger, der in seinem Gutachten schrieb, man solle bei einer alleinerziehenden Mutter von drei Kindern keine kleinbürgerlichen Ordnungsmaßstäbe anlegen. Ich würde ihn gerne mit einspannen, diese kleinbürgerlichen Ordnungsmaßstäbe hier einmal herzustellen.

Beim Aufräumen finde ich auch einen Brief vom WEISSEN RING. 3000,– Mark hat sie im Herbst bekommen – alle Achtung.

Während ich in der Küche arbeite, kommt mir die Idee, den Anrufbeantworter abzuhören. Aus dem Zusammenhang ergibt sich, daß die ersten Aufzeichnungen aus dem Dezember letzten Jahres sind. Viele der Anrufer melden sich mehrmals. Alle warten darauf, von Ute zu hören. Der Kinderarzt mahnt einen Krankenschein an, die Waldorfschule mahnt eine Rechnung an. Jemand erklärt, daß Ute einen Termin verpaßt habe. Ihre Eltern melden sich und machen sich Sorgen, da sie nichts von ihr hören.

Dann ist auf dem Band der Jahreswechsel vorbei; die Anrufenden wünschen kein frohes Fest, sondern ein gutes und gesundes Neues Jahr. Da meldet sich Maria, die ihrer Mutter sagen will, wie es ihr geht. Wieso ruft Maria Ute an? Ich denke, sie sind zusammen in den Ferien. Nach einem weiteren Anruf meldet sich Anna und fragt, ob sie am kommenden Tag wieder in die Schule gehen darf.

Dann höre ich einen Anruf, in dem Anna fragt, ob sie mit Maria wieder nach Hause kommen kann. Also habe ich recht gehabt. Die Kinder haben keine Angst. Sie wollen in die Schule und sie wollen im Kalkweg wohnen, aber Ute läßt sie nicht. Wo war Ute damals?

Heute ist der vermutlich letzte Verhandlungstag. Werden die Kinder auch da sein, wie es das Gericht verlangt hat? Auf dem Gang kommt mir Herr Tappert entgegen und begrüßt mich: »Ihre Kinder sind auch schon da. Kommen Sie doch gleich mit.« Wir betreten einen kleinen Raum. Dort sitzen Ute und die Frau, die ich schon beim Strafprozeß mit ihr zusammen gesehen habe.

Ivon, Maria und Anna sind mit Spielsachen beschäftigt. Sie lassen sich von mir umarmen und ein Küßchen aufdrücken, sagen aber nichts. Herr Tappert bittet Ute und die fremde Frau, das Zimmer zu verlassen. »Ich lasse die Kinder aber nicht mit meinem Mann allein«, sagt Ute. Der Richter beruhigt sie: »Ich bin ja dabei.«

Kaum hat er die Tür geschlossen, fängt Ivon an zu erzählen. Sie kommt auf mich zu und zeigt ihr neuestes Spielzeug. Anna unterbricht ihr Malen und sagt, daß sie jetzt auf eine staatliche Schule geht, was ihr aber nicht so gut gefällt. Maria versucht sie in der Erzählung zu bremsen. Ich merke, daß auch der Richter das registriert. Anna will mir ihr neues Schulheft zeigen und läuft mit den Worten »Ich frag' die Mama« raus. Sie kommt enttäuscht wieder, da Ute es ihr nicht erlaubt hat.

Maria möchte mir etwas vorlesen und kommt auf meinen Schoß. Ivon versucht von hinten auf meine Schulter zu krabbeln und auch Anna hockt sich auf meinen Schoß. Herr Tappert verläßt den Raum und ruft die Frau herein. Ich nehme sie nicht wahr, ich bin viel zu sehr mit meinen Kindern beschäftigt. Schließlich steht der Richter wieder in der Tür und bittet mich in den Sitzungsraum.

Ich stelle fest, daß er die Sitzung bereits offiziell eröffnet hat. Wir kommen sofort zur Sache. Herr Tappert macht eine lange Einleitung, in der er noch einmal unterstreicht, daß dem Gericht keinerlei Hinweise vorliegen, die auch nur den Verdacht des sexuellen Mißbrauchs bekräftigen. Er meint, daß er auch persönlich, insbesondere nach dem gerade Erlebten, davon ausgeht, daß es ihn nie gegeben habe und er fügt hinzu, daß dieses Thema für das Gericht erledigt sei.

Dann fährt er fort: »Ich bin mehr als überrascht, daß die Kinder, auch nachdem sie ihren Vater nun wieder ein Vierteljahr lang nicht gesehen haben, dermaßen positiv reagieren. Es hätte mich nicht erstaunt, wenn sie schreiend hinter der Mutter aus der Tür gerannt wären. Aber schließlich gab es ja gleichlautende Stellungnahmen unterschiedlicher Leute, die man wohl auch nicht als Gefälligkeitsgutachten sehen sollte.«

Schließlich spricht er davon, daß Ute gegenüber dem Kreisjugendamt gesagt haben soll, er hätte das Besuchsrecht vorübergehend ausgesetzt. Dies habe er selbstverständlich nicht getan, dafür gäbe es auch keinen Antrag und es verstehe sich von selbst, daß er einem solchen Antrag auch niemals stattgegeben hätte. Er halte auch ein betreutes Besuchsrecht nicht mehr für nötig und würde es allenfalls übergangsweise noch akzeptieren.

Sodann steigen wir in die Sache ein und ich erkläre noch einmal ganz kurz, in welchem Zustand ich das Haus wiederum vorgefunden habe. Ute spricht im Hintergrund ständig von Einbruch. Sie fegt alles vom Tisch und stellt es als unwahr hin.

»Dann sind die vierzig ungeöffneten Briefe, die ich überall im Haus verstreut fand, wohl auch nur Einbildung«, sage ich und hole den Stapel Post heraus.

»Zeigen Sie mal bitte her«, sagt Tappert und schaut sich die Briefe an.

Ute kommentiert ununterbrochen: »Reklame und so etwas.«

»Das ist eine Telefonrechnung«, sagt Herr Tappert.

»Wird abgebucht«, ist ihre Antwort.

Tappert schaut zu ihr auf und fragt: »Kontrollieren Sie das denn nicht?«

Er blättert weiter. Die Geschichte mit den Briefen dauert etwa fünfzehn Minuten.

Damit beendet Herr Tappert das Sorgerechtsverfahren ohne weitere Stellungnahmen und kommt zum Scheidungsverfahren. Aus verfahrenstechnischen Gründen möchte er direkt weiter verhandeln; unter der Berücksichtigung der jeweiligen Situation, wenn das alleinige Sorgerecht nur einem Elternteil zugesprochen wird.

Er spricht in sein Diktiergerät die Eröffnungsfloskel für das Verfahren. Dann fragt er meinen Anwalt, ob die gestellten Anträge weiterhin gültig bleiben sollen.

»Ich würde dazu gern Stellung nehmen«, meint Herr Still, »aber vielleicht sollten wir doch zunächst einmal das Rubrum vervollständigen.«

»Ja gut«, sagt Herr Tappert und fragt mich nach meiner Anschrift. Dann fragt er Ute.

»Die möchte ich nicht bekanntgeben«, sagt sie knapp.

»Das muß aber sein!« meint Herr Still.

Geschlagene fünfzehn Minuten weigert sich Ute, ihre Adresse preiszugeben. Es ist ein einziges Hin und Her mit dem Richter. Utes Anwältin überlegt krampfhaft, ob sie ihrer Mandantin raten soll, die Adresse zu nennen. Schließlich erfahren wir, wo Ute jetzt wohnt. Der Ort ist 200 Kilometer entfernt.

Dann beginnt die Verhandlung mit der Klärung des Umgangsrechts. Der Richter fragt mich nach meinen Vorstellungen für den Fall, daß die Kinder bei Ute bleiben und für den Fall, daß sie bei mir sind. »Im ersten Fall möchte ich mit den Kindern jedes zweite Wochenende von Samstag früh bis Sonntag abend zusammen sein, und drei Wochen Ferienzeit im Jahr. Das gleiche Recht räume ich selbstverständlich auch der Mutter im umgekehrten Fall ein.«

Dann fragt er Ute. Sie erklärt, daß sie nach wie vor kein

Umgangsrecht mit dem Vater will. Die Kinder wären dringend therapiebedürftig und müßten erst einmal zur Ruhe kommen. Wie sie sich das Umgangsrecht vorstellt, wenn die Kinder in Zukunft bei mir sein sollten, will Herr Tappert wissen. Das könne sie sich gar nicht vorstellen, erklärt sie.

Im Anschluß daran verhandeln wir die Unterhaltsfrage für den Fall, daß die Kinder bei Ute bleiben. Als ich den umgekehrten Fall diskutieren möchte, pfeift mich mein Anwalt zurück: »Wenn für diesen Fall keine Regelung getroffen wurde, dann zahlen Sie auch keinen Unterhalt – ganz einfach.« Nach vier Stunden ist die Verhandlung beendet. Ich schaue Tappert fragend an. Er erklärt, daß er das Urteil bis zum Ende der kommenden Woche den Parteien zukommen lassen will.

Draußen ist es schon dunkel, als wir das Gerichtsgebäude verlassen. Wir setzen uns auf einen Kaffee zusammen. Herr Still freut sich, daß der Kontakt mit den Kindern so positiv verlaufen ist.
»Sie sind ganz schön laut gewesen da nebenan, da ging's offenbar ganz fröhlich zu bei ihnen«, meint er.
Mir wäre lieber, wenn er mich in diesem Augenblick nicht an meine Kinder erinnert hätte. Sie sind jedesmal so verunsichert, wenn sie mir im Beisein von Ute begegnen. Aus ihren Augen spricht der Wunsch nach mehr Kontakt. Was soll ich ihnen sagen, warum dies alles geschieht? Wie soll ich ihnen meine Situation erklären? Sie haben mich bislang nicht gefragt, warum alles so ist, und ich habe von mir aus keinen Anlauf gemacht, es ihnen zu erklären. Wie könnte ich ihnen meine Ohnmacht schildern?

Unablässig geht mir die Verhandlung durch den Kopf. Ich versuche Zeichen zu erkennen, an denen ich die bevorstehende Entscheidung voraussagen kann. Was macht Tappert aus der Begegnung mit den Kindern? Hat er jetzt ein gutes Gewissen, mir die Kinder zu geben, weil er weiß, daß sie nicht verängstigt in der Zimmerecke sitzen werden? Meint er jetzt, daß sie bei Ute gut aufgehoben sind, da sie scheinbar nicht gegen mich erzieht? Freunde und Bekannte rufen mich an und fragen, wie es ausgegangen ist. Joana ist eine der ersten, die sich meldet. Sie erzählt, daß Maria im Sommer auf ihrem Schoß sitzend gesagt hat: »Tante Joana, kann ich nicht bei euch bleiben und euer Kind sein?‹ Es trifft mich furchtbar. Die Spannung wird von Tag zu Tag unerträglicher. Ich bekomme eine Grippe und liege im Bett. Die Anstrengungen der letzten Wochen, die ungeheure nervliche Belastung, das alles ist zuviel.

Es klingelt. An der Tür steht eine mir unbekannte junge Frau und fragt nach Ute. Wir kommen ins Gespräch und es stellt sich heraus, daß Nina, so ist ihr Name, ein Dreivierteljahr lang Babysitterin bei Ute war. Ich bitte sie ins Haus, und wir unterhalten uns ausführlich. Ich frage sie, wie sie den Haushalt erlebt hat.

»Das Jugendamt hätte die meiste Zeit nicht hereinkommen dürfen. In den Kinderzimmern mußte man immer über alles hinwegsteigen, da sah es immer aus, als ob eine Bombe eingeschlagen wäre. Wenn ich den Kindern etwas zu essen machen sollte, habe ich erst einmal eine Stunde die Küche aufgeräumt und oftmals drei Tage alte Essensreste weggeworfen – Sachen, die Ute immer wieder aufgewärmt hat. Oft habe ich zwei oder drei Stunden gebügelt. Ute hat immer nur gesagt, daß sie bügeln muß. Wenn ich eine Woche später kam, waren die Sachen immer noch da. Manchmal hatte ich den Eindruck, daß sie die Kleider der Kinder wieder aus der Schmutzwäsche herausgenommen hatte. Im Bad lagen ständig Fön und Kamm auf dem Boden herum.«

»Wenn ich dich richtig verstanden habe«, sage ich, »dann sah auch die Küche verheerend aus. Hast du auch erlebt, daß Lebensmittel verdorben waren?«

»In der Küche standen immer Essensreste«, sagt sie.

»Die Spülmaschine war nie ausgeräumt. Im Kühlschrank gab es verdorbene Lebensmittel. Einmal habe ich den Kindern Brote gemacht, da haben wir später festgestellt, daß die

Wurst auf der Unterseite schimmelig war. Ute ging mehrmals in der Woche nach der Schule mit den Kindern zu McDonalds, weil sie keine Lust zum Kochen hatte.«

»Hat Ute in deinem Beisein je über sexuellen Mißbrauch gesprochen?« will ich wissen.

»Ach ja, andauernd hat Ute mich auf irgendwelche Äußerungen oder Verhaltensweisen hingewiesen, die angeblich Zeichen dafür seien, daß Anna sexuell mißbraucht sei. Ich konnte das nicht nachvollziehen. Die Kinder wollten es auch nicht mehr hören. Sie kamen immer wieder zu mir und sagten: Die Mama hat dies oder jenes gesagt – stimmt das? Ich habe ihnen gesagt, sie müssen sich eine eigene Meinung bilden. Anna war immer nachdenklich, wenn Ute so etwas gesagt hat, Maria eher still. Irgendwann war es mir zu bunt. Da habe ich Ute gesagt, daß ich selber Mißbrauchserfahrungen habe. Von da an hat sie nie wieder gesagt, daß ihr die Kinder dieses oder jenes erzählt hätten. Ich hatte den Eindruck, daß sie sich irgendwie ertappt vorkam. Statt dessen hat sie mich bedrängt und gebohrt, daß ich ihr von meinen Erfahrungen erzähle.«

»Welchen Eindruck hast du von Ute? Wie würdest du sie beschreiben?«

»Sie hat einen ungeheuren Männerhaß und leidet unter Verfolgungswahn. Als Annas Katze Anfang November weg war, sagte sie: ›Das ist Thomas gewesen, um uns zu terrorisieren.‹ Sie machte die Kinder total verrückt. Von der Nachbarin fühlte sie sich immer beobachtet und sie sagte mir, daß die Nachbarin in deinem Auftrag spioniere. Einmal hat sich die Haushaltshilfe sehr lange mit der Nachbarin unterhalten. Das gefiel Ute gar nicht. Daraufhin traute sie ihr wohl nicht mehr, jedenfalls habe ich sie seither nicht gesehen. Im November lief jemand mit einem Fotoapparat auf der Straße herum. Da meinte Ute, du hättest den Auftrag gegeben, die Kinder heimlich zu fotografieren.«

Ich frage: »Was hat sie mit den Kindern gemacht? Durften die draußen im Garten spielen?«

»Die Kinder durften nur im Garten spielen, wenn Ute dabei war. Sie hat mir immer erzählt, daß die Kinder schreckliche Angst vor dir hätten. Wenn sie abends nach Hause kämen, dann würden sich alle Kinder aus Angst an sie klammern. Das ist totaler Unsinn. Wenn ich abends mit den Kindern beim Bauern Milch holen war, haben sie sich völlig frei bewegt und keinerlei Angst gehabt. Ute vermutete dich hinter jedem Baum. Anna hat einmal geäußert, daß sie Angst hat, daß du nachts kommst und klingelst. Daraufhin habe ich sie gefragt, ob sie das schon erlebt hat. ›Nein‹, war die Antwort, ›aber die Mama erzählt das.‹ Ute meinte auch immer, daß ihre Eltern mit dir unter einer Decke stecken.«

»Weißt du etwas über Gespenster?« frage ich sie.

»Ute erzählte immer, daß die Kinder nachts von einem Gespenst träumen. Wann immer ich hier geschlafen habe, haben die Kinder durchgeschlafen. Ute läuft mit einer Rolle von Bildern herum, auf denen Gespenster gemalt sind. Die schaut sie sich den ganzen Vormittag an und erklärt, was wie auf sexuellen Mißbrauch deutet.«

»Weißt du, ob diese Bilder wirklich von den Kindern gemalt sind?«

»Ich weiß es nicht. Ich habe mich das auch schon gefragt. Ich habe die Kinder nie ein Gespenst malen sehen, und ich habe viel mit ihnen gemalt. Sie haben mir auch nie erzählt, daß sie von einem Gespenst geträumt hätten.«

Ich zeige ihr daraufhin ein Bild von einem Gespenst, das Ute in ihr Tagebuch gemalt hat.

»Ja, so sehen die Bilder auch aus«, sagt sie. »Die Kinder haben nie ein böses Wort über dich verloren. Als du einmal da warst, um deine Sachen abzuholen, hat Ute gesagt: ›Nimm' schnell die Kinder und geh' hoch mit ihnen.‹ Die Kinder haben mich dann gefragt, ob sie am Fenster gucken dürfen. Das habe ich ihnen erlaubt. Da haben sie ganz stolz erzählt: ›Das ist unser Papa.‹ Ich hatte die strikte Anweisung, die Kinder nicht ans Telefon zu lassen. Einmal hast du angerufen. Anna hätte sehr gerne mit dir gesprochen. Die Kinder haben so fröhlich von dem Aufenthalt mit dir auf Goudbol erzählt, insbesondere Ivon hat eine Zeit danach ganz viel gesprochen. Es muß ihr unheimlich gut gefallen haben.«

»Wie sind denn die Kinder mit den Besuchstagen zurechtgekommen?« will ich wissen.

»Die Kinder haben sich immer riesig darauf gefreut. ›Freitag darf ich wieder den Papa sehen‹, haben sie mir immer erzählt. Ute hat sie immerzu bedrängt: ›Ihr wißt, daß wir da nicht hin müssen. Wenn ihr nicht wollt, dann gehen wir nicht.‹ Immer wieder, jede Woche hat sie das gesagt. Im Beisein von Ute haben die Kinder nicht von den Besuchstagen gesprochen, doch wenn sie fort war, haben sie spontan erzählt. Ivon ist tagelang ganz stolz mit der Laterne herumgelaufen und hat immer gesagt: ›Die hat der Papa mit mir gebastelt.‹ Ute tobte immer und meinte: ›Ich habe die Schnauze voll – ich muß es immer ausbaden, wenn die Kinder den Vater getroffen haben – dann geht es ihnen immer schlecht.‹ Ich habe das ganz anders erlebt«, meint Nina.

»Wie hast du denn die Kinder im Umgang mit Ute erlebt?«

»Maria ist im Beisein von Ute immer zurückhaltend, sonst ist sie ganz ausgelassen und sucht viel Zärtlichkeit. Ivon ist eher still, bis auf die Zeit nach Goudbol. Anna ist immer nachdenklich, wenn Ute etwas sagt.«

»Hast du erlebt, daß Ute mit den Kindern spielt?« frage ich ganz konkret. »Ach was, Ute kümmert sich nicht um die Kinder. Sie hat nie mit ihnen gespielt oder gebastelt; das war immer ich. Ihr Standardspruch war: ›Macht was ihr wollt, aber laßt mich in Frieden. Ich will meine Ruhe haben.‹ Um die Hausaufgaben hat sie sich auch nicht gekümmert, die habe ich abends mit den Kindern gemacht.«

Dann frage ich sie, wie denn Utes Alltag aussah, da sie offenbar weder geputzt noch aufgeräumt hat.

»Ute hat die Kinder zur Schule gebracht. Danach hat sie mit KOBRA oder mit jemandem aus der Selbsterfahrungsgruppe telefoniert. Dann hat sie stundenlang die Gespensterbilder angeschaut und ihre Schlüsse daraus gezogen; hat die Kinder abgeholt und war mit ihnen bei Mc Donalds und anschließend bei KOBRA zur Therapie, oder beim Reiten. Dann war bereits Abendbrotzeit. Am Wochenende war immer eine Freundin da.«

»Und was sagt Ute über mich?« frage ich sie ganz neugierig.

»Über dich hat sie immer wieder fürchterlich geschimpft, auch im Beisein der Kinder. ›Scheißkerl, Arschloch, verdammter Idiot, riesengroßer Mistkerl‹ waren ihre Lieblingsausdrücke, meist, wenn sie mit ihrer Anwältin oder dem Jugendamt telefoniert hatte. Sie hat gesagt: ›Thomas hat den Krieg gewollt – nun kriegt er ihn auf meine Weise.‹ Das hat sie mir mehrmals gesagt. Sie hat mir auch erzählt, daß sie ja Lehrerin für Deutsch, Kunst und Biologie ist und sich deshalb berufen fühlt, so viel zu den Bildern zu sagen.«

»Wie bitte«, unterbreche ich Nina. »Ute ist Lehrerin für Biologie und Geschichte«, erkläre ich.

»Mir hat sie gesagt, sie sei Lehrerin für Bio, Deutsch und Kunst,« wiederholt Nina.

»Ute hat immer das Gefühl, daß ihr alles über den Kopf wächst. Sie meinte immer, es wird ihr alles zuviel. Ich finde, an ihr ist Hopfen und Malz verloren, sie ist so voller Widersprüche.«

»Kannst du mir etwas über Medikamente erzählen?« frage ich sie.

»Ich habe hier im Haus so viele Arzneien gefunden.«

»Ich weiß nur, daß einmal, als es Maria nicht gut ging – das war, nachdem sie die schimmelige Wurst gegessen hatte – da habe ich ihr eine Wärmflasche gegeben und Maria erzählte: ›Die Mama gibt uns dann immer Zäpfchen und Tabletten.‹ Das kam mir merkwürdig vor. Die Kinder mußten auch immer Bachblütentee trinken. Ich würde meinen Kindern so etwas nicht geben. Eine Freundin von mir arbeitet beim Kinderarzt als Sprechstundenhilfe. Irgendwann hat sie erfahren, daß ich hier Babysitterin bin, da sagte sie mir: ›Das ist doch die Frau, die immer so komisch mit Medikamenten 'rummacht.‹ Ich habe damals aber nicht weiter danach gefragt.«

Nach fast drei Stunden verabschiedet sich Nina, und ich bleibe in meinem Schmerz und meiner Verzweiflung allein. Warum kommt sie erst jetzt? – nach der Verhandlung. Letzte Woche hätte ich sie als Zeugin benennen können; aber Tappert hat wiederholt gesagt, daß er keine Zeugen hören will.

Utes Verfolgungsgedanken und die Art, wie sie die Dinge in Beziehung setzt, veranlaßt mich, dem Wesen von Wahnerkrankungen auf den Grund zu gehen. Ich lese, daß sich die Inhalte eines Wahns zum Teil aus der Lebensgeschichte des Betreffenden ableiten lassen. Immer wieder ist festzustellen, daß dem Wahn eine Störung in der menschlichen Begegnung, ein Glaubens-und Vertrauensverlust zugrunde liegt. Die Wahnbildung selbst wird mit dem Vorgang der Projektion zu erklären versucht, also einer Verlagerung von widersprüchlichen Erlebnisinhalten von der eigenen Person in die Außenwelt. Am Anfang steht ein Schulderleben, das nicht vollständig verdrängt wird. Es bleibt quälend im Bewußtsein und beherrscht das Erleben in unerträglicher Weise. Zu diesem Zeitpunkt scheint es psychologisch zugänglich zu sein. Zur Wahnbildung kommt es irgendwann urplötzlich. Die Entwicklung bricht ab, und das verinnerlichte, ›invertierte‹ Sekundärerlebnis kommt hervor – als Projektion. Dem Bewußtsein kommt vorübergehend eine passive Rolle zu. Wenn das Sekundärerlebnis geboren ist, ist es beherrschend, und von hier ab werden die Ereignisse kombinatorisch ein- und weitergebaut. – Ich denke, Christoph hat recht. Es ist ein Wahn. Bislang bin ich immer darüber gestolpert, daß Ute sich einerseits Gedanken über einen eigenen Mißbrauch macht und andererseits Monate später behauptet, ich sei Täter und unsere Tochter das Opfer. Ich hielt ein erneutes Verdrängen für unmöglich. Jetzt weiß ich, daß es Inversion heißt und der Beginn eines Wahns ist.

Freitag mittag, elf Uhr. Es wird nicht mehr lange dauern, bis der Richter in seinen Skiurlaub fährt, und ich weiß immer noch nichts. Ich rufe Herrn Still an. Zehn Minuten später klingelt mein Telefon. Es ist mein Anwalt.

»Herr Alteck, ich habe mit Tappert gesprochen. Sitzen Sie? Er läßt die Kinder bei der Mutter und spricht Ihnen einmal im Monat ein Umgangsrecht in der geforderten Weise zu.«

»Die Kinder bleiben bei Ute«, wiederhole ich langsam.

»Ja Herr Alteck, so ist die Entscheidung. Mehr weiß ich im Moment auch nicht. Jetzt müssen wir abwarten, wie er das begründet.«

»Ja gut«, sage ich halb benommen und lege den Hörer auf.

Jetzt ist die Entscheidung gefallen, auf die ich so lange gewartet habe. Ich schreie laut auf. Mein Magen verkrampft sich. Ich schreie meine Verzweiflung heraus. Warum erläßt das Gericht Beschlüsse, wenn die Zuwiderhandlung ohne Folgen ist? Wieso läßt er die Kinder bei der Mutter, die sagt, daß sie auch in Zukunft kein Umgangsrecht für den Vater will? Glaubt er, daß sie sich an diesen Beschluß halten wird, nachdem sie alle anderen ignoriert hat?

Stunde um Stunde vergeht. Ich weiß nicht mehr, wo mir der Kopf steht. Ich meine, an diesem Urteil zu zerbrechen. Dann ruft Jutta an, um nach dem Ausgang des Verfahrens zu fragen. Sie merkt, wie schlecht es mir geht und fragt, ob sie vorbeikommen soll. Ich bitte sie darum. Ich weine den ganzen Abend und die Nacht. Jutta erzählt mir am Morgen, daß ich immer wieder im Schlaf gestöhnt habe: ›Wer schützt jetzt meine Kinder? Tappert hat mir meine Kinder weggenommen.‹

Immer und immer wieder gehen mir die Ereignisse der letzten Monate durch den Sinn, und ich mache mir Gedanken, wie sie wohl von den Kindern erlebt wurden. Zum ersten Mal in meinem Leben habe ich Schlaftabletten benutzt. Ich wußte mir anders nicht mehr zu helfen. Jetzt halte ich das

Urteil in den Händen. Das Gericht sagt, daß es beide Elternteile für geeignet hält, die elterliche Sorge zu übernehmen. Beide hätten in der Vergangenheit aber auch Verhalten an den Tag gelegt, das nicht zum Wohl der Kinder war. Ergebnisse der Therapie bei KOBRA seien dem Gericht trotz Anforderung nicht zugegangen. Es seien keine Umstände ersichtlich, die darauf schließen ließen, daß ich meine Tochter mißbraucht hätte, demzufolge gäbe es auch keinen Grund, den Umgang mit den Kindern auszuschließen.

Das Sorgerecht sei der Mutter zugesprochen, da der Gutachter zu der Feststellung gelangte, die Bindung der Kinder an die Mutter sei stärker. Die Antragsgegnerin sei auch wegen des Vorwurfs des sexuellen Mißbrauchs nicht ungeeignet. Das Gericht gehe davon aus – wie ich auch –, daß die Mutter diese Behauptung nicht wider besseren Wissens erhebt. Offensichtlich habe sie aus nachvollziehbarem Fürsorgebedürfnis Äußerungen Annas überinterpretiert und sei darin von KOBRA unterstützt worden.

Für mich ist das alles nicht mehr nachvollziehbar, aber es entspricht deutscher Familienrechtstradition.

ANHANG

Folgender Text ist aus dem Buch von Dr. Hirsch [4] zitiert. Die Aussagen sind nicht aus dem Zusammenhang gerissen. Es wurden lediglich weniger wichtige Passagen weggelassen. Hirsch beschreibt die Psychodynamik des Inzesttäters so:

›Die Väter hatten ihre Ehe als passive, emotional abhängige Ehemänner begonnen, versuchten, für die Familie zu sorgen, und schienen eifrig bemüht, die Anerkennung einer aktiven, dominanten Ehefrau zu bekommen. In der Dokumentation [...] finden sich Berichte der Väter als Kriegsheimkehrer. Die unvorstellbare Aggression und Entbehrung, die das Kriegserlebnis darstellt, dürften zu der besonderen Form der rücksichtslosen Inanspruchnahme Schwächerer beitragen. Der allgemeine Eindruck vom Inzesttäter ist der eines verlorenen, gequälten und ängstlichen Mannes.[...] Die Geschichte dieser Männer war durch Trennung und Verluste sowie durch frühe Zurückweisung durch die Eltern gekennzeichnet. [...] beschreiben die Väter, gerade wegen der frühen Zurückweisung, als in ihrer maskulinen Identität gefährdet. Ebenso wird eine gestörte Beziehung zum eigenen Vater angegeben [...]. Die Väter konnten kein männliches Leitbild geben. [...] Die Liebe der Tochter ist eine so bedingungslose Bestätigung des selbstunsicheren, bedürftigen Vaters, der noch dazu die Mitte des Lebens erreicht oder sie überschritten hat, wie er sie sonst nicht mehr findet. Der Vater nimmt sich die Tochter anstelle der Ehefrau als Sexualobjekt. Die Tochter verkörpert die idealisierte Gestalt der jungen Braut.

Psychodynamik der Mutter des Opfers:
Typischerweise hatten die Väter der Mütter ihre Familie verlassen, so daß die Mütter der Inzestopfer früh mit ihren eigenen Müttern alleingelassen waren. [...] beschreibt die Mutter als dominierend und das Familienleben ›managing‹. Der überwiegende Eindruck der Gefühlskälte findet sich bei der Mehrzahl der Mütter. Häufig sind Eltern von Inzestopfern selbst Opfer sexuellen Mißbrauchs in der Kindheit gewesen, der die Entwicklung ihrer Fähigkeit, reife sexuelle Beziehungen aufzubauen und Kinder gut genug begleiten zu können, geschwächt haben kann. Auf einer psychodynamischen Ebene muß der Inzest auch für die Mutter einen Gewinn bedeuten, ihre Verleugnung oder gar ihr bewußtes Mitspielen hätte dann einen Sinn. Sie hat Angst vor Nähe, die sexuelle Beziehung zum Ehemann wird zunehmend lästig. Die inzestuöse Beziehung zwischen Vater und Tochter käme ihrem Interesse, sich von der sexuellen Aktivität mit ihm zurückzuziehen, entgegen und diente als Ausgangsbasis für die nun möglichen außerfamiliären Aktivitäten. Wenn die Mutter – kaum bewußt – den Inzest gebilligt oder gar stillschweigend mitagiert hat, muß die gleichzeitig bestehende Eifersucht im Kind Verwirrung und Realitätsverlust hervorrufen.

Äußere Charakteristika der Inzestfamilie:
Das einzige Merkmal, das meines Erachtens durchgehend beobachtet werden kann, ist das der sozialen Isolation.

Psychodynamik der Tochter
Erholt sich das Kind von einer solchen Attacke, so fühlt es sich ungeheuer konfus, eigentlich schon gespalten, schuldlos und schuldig zugleich, ja mit gebrochenem Vertrauen zur Aussage der eigenen Sinne. Eng mit dem Schuldgefühl hängt mangelndes Selbstgefühl zusammen. Der Aspekt der Zerstörung des Selbst wird 1933 von [...] bereits eingeführt, er besteht in Fragmentierung und Spaltung, so daß gute und schlechte Objekt- und Selbstbilder unverbunden nebeneinander existieren, sowie aus einer Schwächung des Realitätsge-

fühls. [...] arbeitet die Zerstörung des Selbst durch destruktive exogene Einflüsse weiter aus, die in chronischen Traumen durch physischen und sexuellen Mißbrauch in der Familie bestehen. Einen solchen Mißbrauch bezeichnet er mit ›Seelenmord‹. Wenn die Eltern Sexualität mit einem Kommunikationsverbot belegt haben oder mit dem Kind unsolidarisch umgehen, wenn das Opfer also allein mit Hilfe seiner Phantasien mit dieser Realität fertig werden muß, ist eine Schädigung wahrscheinlich. [...] beschreiben für die Entwicklung von Borderline-Persönlichkeiten die Verzerrung der Objektbilder durch äußere traumatisierende Erfahrungen wie Verlassenwerden oder sexuelle Handlungen. Es sind auch mehrere Fälle späterer Schizophrenie beschrieben. Die Auffassung, sexueller Mißbrauch in der Latenzzeit führe nicht zu psychischen Störungen, beruht meines Erachtens auf der oberflächlichen Beurteilung der akuten Symptomatik bzw. ihrer Abwesenheit und sagt nichts über eine mögliche Beeinträchtigung aus, die erst später in Belastungs- und Trennungssituationen auftreten kann, insbesondere auch in solchen Situationen, in denen die sexuelle Identität des früheren Inzestopfers gefordert wird. Nicht nur Überstimulation und Angst, sondern eine Konfusion der Wahrnehmung, eine Schwächung der Realitätsprüfung und des Urvertrauens entfalten weitere pathologische Wirkungen. [...] fanden bei allen erwachsenen Frauen, die Inzestopfer gewesen waren, gleichermaßen Symptome [...]. Es waren insbesondere Angstzustände, Alpträume, angstmachende Tagträume, Wut, Mißtrauen, emotionaler Rückzug und Gefühle der Wertlosigkeit. Alpträume fand ich häufig oft kaum entstellte Darstellungen der inzestuösen Angriffe. »Als Kind hatte ich immer den gleichen Traum von der großen Gestalt, die die Treppe heraufkommt und bedrohlich aufs Kinderbett steigt.« Eine andere ubiquitär anzutreffende Angst des Inzestopfers betrifft die Sorge, die eigenen Kinder nicht vor denselben Traumen bewahren zu können, die man selbst als Kind erlitten hatte.

VERZEICHNIS DER LITERATUR

[1] Familie im Umbruch
Prof. Dr. R. Lempp*
Kösel Verlag, München 1986

[2] Psychiatrie
Prof. Dr. R. Tölle / em. Prof. Dr. R Lempp
Springer Verlag, Berlin/Heidelberg/New York
9. Auflage 1991

[3] Gerichtliche Kinder- und Jugendpsychiatrie
Ein Lehrbuch für Ärzte, Psychologen und Juristen
Prof. Dr. R. Lempp
Verlag Hans Huber, Bern 1983

[4] Realer Inzest
Psychodynamik des sexuellen Mißbrauchs in der Familie
Dr. med. M. Hirsch
Springer Verlag, Berlin/Heidelberg/New York
2. Auflage 1990

[5] Im Namen des Kindes
Plädoyer für die Abschaffung des alleinigen Sorgerechts
Prof. Dr. U.-J. Jopt
Rasch und Röhring, Hamburg 1992

[6] Väter als Täter
Sexuelle Gewalt gegen Mädchen / »Erinnerungen sind wie eine Zeitbombe«
Barbara Kavemann, Ingrid Lohstöter
Rowohlt Taschenbuch Verlag, 1984

Breites Spektrum

Gunda Schneider
Noch immer weint das Kind in mir
Eine Geschichte von Mißbrauch, Gewalt und neuer Hoffnung
Mit einem Nachwort von Irene Johns
Band 4097
Alle haben es gemerkt, und jeder hat geschwiegen – auch Gunda selbst. Erst als erwachsene Frau kann sie die Erfahrung des Inzests in Worte fassen.

Irene Johns
Zeit alleine heilt nicht
Sexuelle Kindesmißhandlung – wie wir schützen und helfen können
Band 4216
Das Kind darf mit seiner tiefen Verletzung nicht alleine bleiben. Irene Johns, Leiterin des Kinderschutzzentrums in Kiel, zeigt, wie richtiges Reagieren möglich ist.

Mechthild Gründer/Rosa Kleiner/Hartmut Nagel
Wie man mit Kindern darüber reden kann
Ein Leitfaden zur Aufdeckung sexueller Mißhandlung
Band 4251
Wie reagieren beim Verdacht auf sexuellen Mißbrauch? Ganz konkrete Vorgehensmöglichkeiten, die helfen, Kinder aus der Spirale von Angst, Einschüchterung und falschem Schamgefühl zu befreien.

Kristina Meyer
Das doppelte Geheimnis
Weg einer Heilung – Analyse und Therapie eines sexuellen Mißbrauchs
Band 4293
Erinnerungen an den qualvollen Weg einer Therapie und die schreckliche Gewißheit, sexuell mißbraucht worden zu sein. Aber auch eine Botschaft, die vielen Frauen in dieser Situation Mut macht.

HERDER / SPEKTRUM

Heinrich Lang
Wenn Kinder krank sind
Praktische Tips vom Kinderarzt helfen Streß vermeiden
Band 4285
Der erfahrene Facharzt für Kinderheilkunde gibt praktischen Rat, wie man Krankheiten und ihre Symptome erkennen und einordnen kann. „Ein empfehlenswertes Nachschlagewerk" (Stiftung Warentest).

Bruno Bettelheim
Zeiten mit Kindern
Band 4292
Hier sind die praktischen Erkenntnisse des bekannten Kinderpsychologen in einem Werk zusammengeführt.

Wolfgang Lechner
Lach doch wieder, kleiner Rafael
Was ein Vater durch den Unfall seines Sohnes lernte
Band 4294
„Wenn das Kind jetzt stirbt, was hat es dann von mir, seinem Vater, gehabt?" Nach dem Unfall seines kleinen Sohnes stellt der Vater sein bisheriges Leben in Frage.

Inghard Langer
Überlebenskampf im Klassenzimmer
Was Schüler und Eltern gegen den Gewaltterror tun können
Band 4297
Prügelei, Schikane, Erpressung – Schulalltag? Ratschläge für alle Eltern, die ihre Kinder mit dem Gewaltproblem nicht allein lassen wollen.

Karin Neuschütz
Lieber spielen als fernsehen
Alternativen, die Kindern mehr Spaß machen
Band 4315
Wußten Sie, daß sich Kinder immer fürs Spielen statt Fernsehen entscheiden würden? Vor allem, wenn auch mal die Eltern mitmachen. Kreative Tips und Anregungen für Spiel- und Bastelstunden.

HERDER / SPEKTRUM